Lo masculino y lo femenino
La cultura femenina

Georg Simmel

www.archivosvola.es

rescatando el acervo

Traducción de Fernando Vela
publicada en Jorge Simmel: *Cultura femenina*,
Revista de Occidente, Madrid 1934

ISBN: 978-84-125889-9-6
Depósito legal: M-1836-2024

Impreso en España

Índice

IMPOSIBILIDAD DE UN JUICIO IMPARCIAL
ACERCA DE LA MUJER

Cuando queremos comprender el sentido y valor de un elemento cualquiera de nuestra vida interna –o de aquellos otros órdenes que dependen de la relación cognoscitiva y activa entre nuestra interioridad y el mundo–, procedemos generalmente estudiando su relación con otro elemento que, a su vez, se define relativamente al primero.

Pero ambos términos no permanecen siempre en esta correlatividad; acaece que uno de ellos, alternado con el otro, se convierte pronto en algo absoluto que sustenta la relación y le impone su norma. Todas las grandes parejas que se dan en el espíritu –yo y el mundo, sujeto y objeto, individuo y sociedad, reposo y movimiento, materia y forma, y muchas otras más– han corrido la misma suerte. Uno de los términos ha adquirido un sentido amplio y profundo que abraza no sólo la propia significación estricta, sino también la del término contrario.

La relación fundamental en la vida de nuestra especie es la de lo masculino y lo femenino. También aquí se verifica ese encumbramiento típico de uno de los dos términos a significación absoluta. Para estimar la productividad y la índole, la intensidad y las maneras de manifestarse del varón y de la mujer, recurrimos a determinadas normas de esos valores. Pero esas normas no son neutrales, no se ciernen a igual distancia de los opuestos sexos, sino que pertenecen íntegras a la masculinidad. Prescindo por ahora de las excepciones, inversiones y desviaciones de este método. Las necesidades artísticas y patrióticas, la moralidad general y las ideas sociales particulares, la equidad del juicio práctico y la objetividad del conocimiento teorético, la fuerza y profundidad de la vida –todas estas categorías son, sin duda, por igual humanas en su forma y en sus exigencias, pero íntegramente masculinas en su aspecto histórico y efectivo. Si a estas ideas que nos aparecen como absolutas les damos el nombre de "lo objetivo", puede considerarse como válida, en la vida histórica de nuestra especie, la ecuación siguiente: objetivo = masculino. Arraigada en razones metafísicas, existe, pues, cierta tendencia general humana a destacar uno de cada dos conceptos contrapuestos –que reciben por comparación mutua su sentido y valor– y, tomándolo en una significación absoluta, encumbrarlo por encima de la contraposición o equilibrio de ambas nociones. Esta tendencia se ha construido un paradigma histórico en la relación fundamental de los sexos.

El sexo masculino no se limita a ocupar una posición superior al femenino; conviértese, además, en el representante de la humanidad en general, dictando normas por igual aplicables a las manifestaciones de la masculinidad y de la feminidad. En muchos casos, explícase esto por la *posición de fuerza* que el varón ocupa. Si, groseramente, definimos la relación histórica de los sexos como la que media entre el señor y el esclavo, habremos de considerar como un privilegio del señor la posibilidad de no pensar siempre en que es señor; en cambio, la posición del esclavo es tal, que nunca puede olvidar que es esclavo. No cabe duda de que la mujer pierde la conciencia de su feminidad con mucho menos frecuencia que el hombre la de su masculinidad. Innumerables veces le acontece al hombre pensar en pura objetividad, sin que su varonía ocupe el más mínimo lugar entre sus sensaciones; en cambio, dijérase que a la mujer no la abandona jamás el sentimiento más o Menos claro de que es mujer, y este sentimiento constituye como el fondo continuo sobre el cual se destacan para ella todos los contenidos de su vida. Al imaginar y representar, al crear normas y obras, al combinar sentimientos, el elemento diferencial del hombre, la masculinidad, desaparece de la conciencia masculina más fácilmente que la feminidad de la conciencia femenina. En efecto, el hombre es el señor, y se entrega a sus actividades sin poner en su relación con la mujer un interés tan vital como el que la mujer siente en su relación con el hombre. Por eso las manifestaciones viriles nos parecen cernerse en la esfera de una objetividad y validez ultraespecífica y neutral –a la que subordinamos como rasgo individual y fortuito todo matiz específicamente masculino que pudiera notarse. Esto se revela en el caso frecuentísimo de sentir las mujeres como tal y netamente masculinos ciertos juicios, instituciones, afanes e intereses que los hombres consideran –no sin ingenuidad– como puramente objetivos. Mas el dominio del varón sobre la hembra sirve también de fundamento a otra tendencia que conduce a idénticos resultados. Toda dominación fundada en la prepotencia subjetiva ha intentado siempre procurarse una base objetiva, esto es, transformar la fuerza en derecho. La historia de la política, del sacerdocio, de las constituciones económicas, del derecho familiar, está llena de ejemplos. Si la voluntad del *pater familias* impuesta a la casa aparece revestida con el manto de la "autoridad", ya no es posible considerarla como explotación caprichosa de la fuerza, sino como expresión de una legalidad objetiva, orientada hacia los intereses generales, impersonales, de la familia. Según esta analogía, y a veces en esta misma conexión, la superioridad psicológica de las manifestaciones masculinas sobre las femeninas, en virtud de la relación de dominio entre el hombre y la mujer, se convierte en una superioridad, por decirlo así, lógica. Lo que el hombre hace, dice, piensa, aspira a tener la significación de una norma, porque revela la verdad y exactitud objetivas, válidas por igual para todos, hombres y mujeres.

Elevado así lo masculino a la categoría de objetividad integral y criterio cierto –y no sólo por su vigencia empírica, sino en el sentido de que las ideas y necesidades ideales del varón y para el varón se transforman en absolutas y asexuadas–, resultan de aquí fatales consecuencias para el juicio sobre las mujeres. Sobreviene, por una parte, la supervaloración mística de la mujer; pues si llegamos al sentimiento de que, a pesar de todo, la mujer tiene una existencia propia con bases independientes, normativas, nos faltarán criterios especiales para ella y quedará abierta la puerta a todo exceso y reverencia ante lo desconocido, lo incomprendido. Por otra parte, empero, surgirán, muy próximos también, los errores y desestimaciones, porque juzgaremos a la mujer según criterios creados para el sexo contrario. Desde el punto de vista masculino no es, pues, posible reconocer la independencia del principio femenino. Si no se tratase más que de un sometimiento brutal impuesto a las manifestaciones de lo femenino –en su ser y valer– por las manifestaciones de lo masculino situadas en el mismo plano, cabría siempre esperar justicia de una segunda instancia espiritual, de un tribunal superior a ambos términos opuestos. Pero es el caso que este tribunal superior es a su vez también de índole masculina. No hay, pues, solución. La feminidad no puede nunca ser juzgada por normas propias. De esta suerte, la mujer queda sometida al mismo tiempo a dos medidas distintas y ambas de origen masculino; una es la medida absoluta –formada por los criterios de los hombres– que se aplica a las actividades de la mujer, a sus convicciones, a los contenidos teoréticos y prácticos de su vida; otra es la medida relativa, que también procede de la prerrogativa del hombre y que muchas veces formula exigencias totalmente opuestas. El hombre exige de la mujer no sólo lo que le parece deseable en general, sino también lo que le parece deseable como hombre, como término aislado y contrapuesto a la mujer; exige de ella la feminidad en el sentido tradicional de la palabra, que no significa un modo de ser peculiar, con su centro propio, sino una índole especial, orientada hacia el varón para agradarle, servirle y completarle.

La prerrogativa de los hombres impone, pues, a las mujeres dos criterios: el masculino, que se presenta como objetivo y asexuado, y el femenino específico, que es correlativo y muchas veces contradictorio de aquél. Así resulta que, en puridad, la mujer no puede ser juzgada imparcialmente desde ningún punto de vista. Por eso es tan corriente –y tan banal y justificada– la actitud de crítica burlona ante las mujeres. En efecto, cuando, de conformidad con uno de los dos criterios, las consideramos estimables, surge al punto el criterio opuesto, que nos obliga a desestimarlas en idéntica proporción. Esta duplicidad de exigencias contrarias se propaga, conservando, por decirlo así, su forma, y cambiando sólo sus dimensiones; penetra hasta en la necesidad íntima con que el hombre, como individuo, se dirige a la mujer. El hombre es –veremos más adelante las consecuencias profundas de este hecho– un ente dispuesto y definido, tanto en lo interno como en lo externo, para la división y por la división del trabajo. La individualidad masculina, que produce seres unilateralizados, buscará, pues, en la mujer el complemento de sus cualidades, es decir, buscará en ella otro ser diferenciado que realice ese complemento en los grados más varios, desde la igualdad aproximada hasta la radical oposición; el particularismo propio de la individualidad masculina exige un particularismo correlativo de la mujer. Mas, por otra parte, una vida de forma muy diferenciada exige también como complemento y correla-

11

to un ser en quien la vida sea unidad, un ser que no destaque ni acentúe ningún contenido preferente, un ser que arraigue en el fondo indiferenciado de la naturaleza misma. El sino fatal de las individualidades vigorosamente especializadas es que formulan muchas veces con igual energía dos exigencias contradictorias; por una parte, demandan el apoyo de otras individualidades también marcadas y particulares, aunque, por decirlo así, de signo y contenido contrarios, y, por otra parte, aspiran a una anulación total de la diferenciación. La vida masculina, con sus contenidos particulares y su forma universal, requiere para su complemento, sosiego y salvación, dos correlatos contradictorios. El problema, y aun la tragedia más o menos larvada en las relaciones de ambos sexos, consiste en que el hombre acepta como cosa evidente que la mujer le satisfaga una de esas dos necesidades, y, en cambio, su conciencia se alborota al ver insatisfecha la otra, que no puede, lógicamente, hallar satisfacción simultánea. Las mujeres de feminidad, por decirlo así, genial, son las únicas que pueden actuar al mismo tiempo como individualidades diferenciadas y como unidades indistintas, conservando en las capas más profundas de su ser las energías vivas de todas las formas particulares. Estas mujeres geniales son como las grandes obras de arte, cuyos efectos presentan la misma duplicidad, indiferente a la contradicción lógica. En los casos típicos, es ésta, sin embargo, lo bastante fuerte para que, al cambiar el punto de vista de la necesidad, aparezca la mujer siempre como el ente sobre quien el hombre tiene el derecho de exigir y juzgar desde la cumbre de la norma objetiva..

SEXUALIDAD CENTRÍPETA Y SEXUALIDAD CENTRÍFUGA

Esta evolución histórica que acabamos de indicar es la expresión externa de una determinación interna que tiene su fundamento suprahistórico en la diferencia misma de los sexos. En todas estas manifestaciones, lo decisivo es siempre el motivo señalado más arriba; la diferencia de los sexos, que aparentemente significa una relación entre dos partidos contrapuestos y lógicamente iguales, es, sin embargo, para la mujer algo más importante que para el hombre. Lo típico de la mujer es que, para ella, el hecho de ser mujer es más esencial que para el hombre el hecho de ser hombre. Para el hombre, la sexualidad consiste, por decirlo así, en hacer; para la mujer, en ser. Pero, sin embargo, o más bien por eso mismo, la *diferencia* entre los sexos es para la mujer, en realidad, cosa secundaria. La mujer descansa en su feminidad como en una sustancia absoluta, y –dicho sea con expresión algo paradójica– le es indiferente que haya o no haya hombres. En cambio, el hombre ignora esa sexualidad centrípeta, que se basta a sí misma. La virilidad –en el sentido sexual– está más generalmente adscrita a la relación con la mujer que la feminidad a la relación con el hombre. Mas nos cuesta trabajo, no ya sólo admitir, pero incluso comprender esto, porque viene a contradecir la ingenua opinión que precisamente hemos puesto en tela de juicio, la opinión de que la feminidad es sólo un fenómeno de relación con el hombre, y de que, si esta relación desapareciese, no quedaría nada. Y, en efecto, no quedaría un "ser humano" neutral; quedaría una mujer. La sexualidad de la mujer es algo sustantivo e independiente. Demuéstralo, sobre todo, el hecho de que el embarazo transcurre sin ulteriores relaciones con el hombre; y en las épocas primitivas de la humanidad, es notorio que hubo de pasar mucho tiempo antes de que se reconociese en el acto sexual la causa del embarazo. En la vida de la mujer se identifican profundamente el ser y el sexo. La mujer se encierra en su sexualidad, absolutamente determinada, determinada *en sí misma*, sin necesidad de referir al otro sexo la esencialidad de su carácter propio. Por eso, desde otro punto de vista, en la manifestación histórica particular esa relación con el hombre le aparece a la mujer como importantísima, como, por decirlo así, el lugar sociológico de su ser metafísico. En cambio, al hombre, cuya sexualidad específica no se actualiza más que en la relación con la mujer, esa relación le aparece como un elemento de la vida entre otros, sin el carácter indeleble que para la mujer posee. Y la relación del hombre con la mujer, a pesar de su importancia decisiva en la sexualidad masculina, carece para el hombre de la trascendencia vital que la mujer le atribuye. La conducta típica de uno y otro sexo es notoriamente ésta: la satisfacción del apetito sexual tiende a desligar al hombre de la relación y a mantener a la mujer en la relación. Patentes están las razones externas. Satisfecho el deseo, desaparece para el hombre el motivo que le impulsaba hacia la mujer. En cambio, el embarazo produce en la mujer la necesidad de un apoyo y protección. Pero el esquema general es el siguiente: Para el hombre, la cuestión sexual es un problema de relación, que desaparece tan pronto como cesa su interés en la relación; la índole absoluta del varón no va adherida a su sexo. Para la mujer, en cambio, trátase de una cuestión de esencia que, secundariamente, hace intervenir su índole absoluta en la relación creada. Sin duda, hay hombres cuya vida erótica termina en la locura o en el suicidio; sin embargo, sienten que, en lo profundo, el erotismo les es ajeno –en la medida en que puede hablarse de estas cosas, cuya demostración no cabe aprontar. Las confesiones mismas de hombres tan eróticos como

15

Miguel Ángel, Goethe, Ricardo Wagner encierran no pocas imponderables alusiones a ese rango inferior que al erotismo correspondía en su vida interna.

La realidad absoluta que representan la sexualidad o el erotismo tomados como principio cósmico, se convierte para el hombre en mera relación con la mujer. La relación entre los sexos se convierte, en cambio, para la mujer en lo absoluto, en la esencia misma de su ser. Y el resultado final de esta constelación es, por un lado, el sentimiento tan frecuente de que la más integral entrega de una mujer no nos descubre nunca el último reducto de su alma –porque la mujer es sexo en sí, y no sólo en su relación con el hombre. Dijérase que, aun en el caso de la más completa entrega, conserva la mujer una última reserva de su alma, como si hubiese en ella un secreto pertene-cerse a sí misma, una misteriosa clausura dentro de su propio ser que ciertamente, al entregarse toda, no excluye del canje posesorio hecho con el hombre, pero que, aun librado, no queda franco para éste, sino que, puesto en propiedad del otro, sigue ligado a su raíz y arcana zona primitivas. Este modo de ser, que en la realidad es muy sencillo, tórnase al expresarlo en conceptos algo difícil y confuso. El hombre imprime a su vida y a su actividad la forma objetiva, elevándolas así por encima de la oposi-ción entre los sexos; por eso para él la sexualidad es simplemente la relación con las mujeres. Pero la mujer, cuya esencia penetra en los fundamentos mismos de la feminidad; la mujer, que se identifica con la feminidad misma, considera el sexo como algo absoluto, como algo que es por sí aparte, y la relación con el hombre, como una simple manifestación externa, realización empírica de la sexualidad. Ahora bien, dentro de su esfera, esa relación –puesto que es el fenómeno en que se manifiesta el ser fundamental de la mujer– posee para ella una importancia incomparable, y ésta es la causa que ha producido el juicio profundamente erróneo de que la esencia de la mujer no descansa en sí misma, sino que se agota y confunde con esa *relación*. La mujer no necesita del hombre *in genere*, porque, por decirlo así, tiene en sí misma su vida sexual que es su esencia absoluta y cerrada. Pero, en cambio, cuando esa esencia ha de manifestarse en realidad empírica, entonces, y con tanta mayor energía, necesita la mujer del hombre como *individuo*. El hombre, más dócil a la excitación sexual, porque no se trata para él de poner en movimiento la totalidad de su ser, sino simplemente de una función parcial, obedece fácilmente a la atracción genérica. Así se comprende que la mujer se oriente hacia un individuo en particular, mientras que el hombre desea a la mujer en general.

NATURALEZA PROFUNDA
DE LA SEXUALIDAD FEMENINA

Esta fundamental estructura nos explica por qué el instinto psicológico ha considerado siempre a la mujer como el ser eminentemente sexual, y por qué, en cambio, las mujeres mismas se rebelan tan a menudo contra ese concepto y sienten lo infundado de esa denominación. Cuando se dice que la mujer es un ser eminentemente sexual, se entiende este calificativo en el sentido masculino, esto es, en el sentido de un ser que, en su base primaria, se halla orientado hacia el otro sexo. Pero lo típico de la mujer no es eso. En la mujer, la sexualidad se confunde con su naturaleza profunda, constituye su esencia prima harto inmediata y absolutamente para que necesite manifestarse o realizarse en la tendencia hacia el hombre o como tendencia hacia el hombre. El ejemplo más claro de esto es quizá la imagen de la mujer entrada en años. La mujer franquea los últimos límites del estimulo sexual, tanto en el sentido pasivo como en el activo, a una edad mucho más temprana que el hombre. Pues bien; si prescindimos de rarísimas excepciones y de las decrepitudes que trae consigo la ancianidad, la mujer no se varoniliza por eso, ni –lo que es más importante aún– pierde por eso su sexo. Cuando se ha extinguido en ella toda sexualidad propiamente dicha, es decir, toda la sexualidad orientada hacia el varón, la mujer conserva, sin embargo, indeleble el sello femenino en su persona.

Todo cuanto hasta entonces semejaba regirse y explicarse en ella por la relación con el hombre, aparece ahora como algo que trasciende de esa relación, como algo que ella posee en sí misma, que ella determina por sí misma. Por eso, a mi juicio, no se agota tampoco el sentido de lo femenino cuando, en lugar de la relación con el hombre, se acude a la relación con el niño como último esclarecimiento.

Sin duda, no es discutible la importancia inmensa que esta relación, como la anterior, tiene para la mujer. Pero, en su sentido corriente, es una definición desde el punto de vista del interés social; es una variante de aquella otra posición de la mujer en un nexo de finalidades ajenas; en el mejor caso, es una proyección de su propia única sustancia en la serie del tiempo y en una muchedumbre situada fuera de ella. En efecto, de la generación futura hay que separar los elementos femeninos, que no son considerados como fines, sino como medios para la otra generación posterior; y como el mismo juego se repite de generación en generación, resulta que sólo los elementos masculinos quedan como fines últimos a que tiende todo el desenvolvimiento de la especie. Esta consecuencia lógica demuestra, pues, que todas esas relaciones son simples *formas manifestativas* de la feminidad metafísica y que en ellas no se agota la esencia conclusa y centrada de la mujer. Sin duda, esa esencia es femenina hasta en sus más profundas profundidades; pero esa feminidad, al manifestarse, cambia de sentido; esa feminidad no es algo relativo, algo "para otros". Ni es tampoco un egoísmo –dicho sea para prevenir posibles errores–; porque el egoísmo es siempre una relación con otros, una insatisfacción de sí mismo, una inquisición de lo que hay fuera del yo para incorporarlo al yo. Pese a la opinión popular, afirmamos que la esencia profunda del hombre propende más que la de la mujer a ofrecerse como medio y abandonar el centro propio. El hombre crea lo objetivo o actúa en lo objetivo, bien por las formas cognoscitivas de la representación, bien por la transformación creadora de elementos dados. Su ideal teorético, como su ideal práctico, contiene un elemento de despersonalización, de enajenarse a sí mismo. El hombre se desenvuelve siempre en un mundo extensivo, por cuanto consigue introducir en él su personalidad; se injerta con sus actos en órdenes históricas, en los cuales, pese a su poderío y soberanía, vale sólo como parte e instrumento. Muy otra, en cambio, es la mujer. La sustancia femenina se asienta en supuestos puramente intensivos. La mujer es quizá en su periferia más accesible que el hombre al desconcierto y la destrucción. Pero, por muy estrecha que sea en ella la unión entre lo central y lo periférico –y precisamente esa estrecha unión entre la esencia central y la periferia es el esquema fundamental de toda psicología femenina–, la mujer descansa en su centro propio, no se expande fuera de sí, rehusando perderse en los órdenes exteriores.

LA MUJER ES EL "SER HUMANO"

Podemos considerar la vida como una dirección subjetiva hacia lo íntimo. Podemos también concebirla por su expresión en las cosas. En ambos casos, el individuo masculino parece caminar por dos sendas, en ninguna de las cuales le aguarda la mujer. En el primer caso, el hombre va arrastrado por lo puramente sensible –a diferencia de la sexualidad femenina, más profunda, que, por no ser *affaire d'épiderme*, es también, en general, menos específicamente sensible–; tira de él la voluntad, el afán de dominar y absorber. Pero también arrastra al hombre la aspiración a lo espiritual, a la forma absoluta, a la saciedad de lo trascendente. El error fundamental de Schopenhauer acaso sea el haber creído que el sentido vital de este último afán consiste en la simple negación del primero; y no menos errónea es la idea contraria de Nietzsche, que en toda pasión por lo insensible y supraelemental quiere rastrear tan sólo la voluntad elemental de potencia y de vida. Semejantes unificaciones de ambas tendencias no me parecen tan sencillas y fáciles de establecer. Hay que detenerse, en último término, ante la polaridad –que, como tal, es también una especie de unidad–, ante la oposición de ambas direcciones interiores. Pero la mujer permanece encerrada en sí misma, su mundo gravita hacia el centro que les es propio. La mujer está fuera de aquellas dos trayectorias excéntricas, la del deseo sensible y la de la forma trascendente. Por eso, dijérase con más justicia que ella es propiamente el "ser humano", puesto que mantiene su sustancia en los límites de la humanidad, mientras que el hombre es "mitad bestia, mitad ángel".

RELATIVISMO DEL VARÓN

Y sí ahora consideramos la relación con el objeto, veremos que la índole masculina estriba, por una parte, en reconocer la consistencia y legalidad propias de las cosas como algo esencial e importante. En este supuesto interior descansa todo el ideal de un posible conocimiento positivo y puro. Por otra parte, hay que agregar en el hombre el interés por configurar y transformar las cosas, con la voluntad decidida de que las cosas tengan el ser y la existencia que el espíritu les prescribe. La mujer, empero, el tipo de la feminidad, gravita fuera de esa doble relación con las cosas. No es su tema el idealismo de la teoría pura; la teoría significa una relación con algo que justamente no está en relación con nosotros. La mujer no se interesa propiamente sino en aquello a que se siente unida, ya por hallarle una finalidad exterior o ético-altruísta, ya por atribuirle importancia para su salvación interna; dijérase que le falta esa impalpable comunicación en que se funda el puro interés objetivo. Y por lo que se refiere a la transformación de las cosas, la labor del hombre –desde el zapatero hasta el pintor y el poeta– es la determinación perfecta de la forma objetiva por la fuerza subjetiva, y representa también la integral objetivación del sujeto. Por tenaz y objetiva que sea la actividad de una mujer; por ricas y abundantes que manen sus influencias y sus "creaciones" dentro de su esfera; por fecundo que se manifieste su tino para templar una casa y hasta un círculo social en armonía con su propia personalidad, nunca puede ser femenina la producción, en el sentido de aquel compenetrarse del sujeto con el objeto y de aquella simultánea independencia sustantiva del sujeto con respecto al objeto. Conocer y crear son movimientos de relación; en ellos, nuestro ser escapa, por decirlo así, fuera de sí mismo, cambia de centro, anula esa última oclusión esencial que caracteriza justamente el sentido vital del tipo femenino, a pesar de sus externas laboriosidades, a pesar de su dedicación a las tareas prácticas. La relación con las cosas es, en una u otra forma, una necesidad universal. Pero la mujer la practica sin abandonar, por decirlo así, la sustancia en que descansa. La mujer entra en relación con las cosas por un contacto, por una identidad más inmediata, más instintiva y, en cierto modo, más ingenua. La forma de su existencia no desemboca en esa separación particular del sujeto y el objeto, que recobra su síntesis posteriormente en las formas particulares del conocimiento y de la creación.

El hombre, pues, pensador, productor, actor en el consenso social, es, mucho más que la mujer, un ente de relatividad, a pesar del carácter absoluto que tienen sus contenidos espirituales y que precisamente su dualismo favorece. Por eso, su sexualidad no se desenvuelve más que en la relación –deseada o cumplida– con la mujer. En cambio, la feminidad se halla más libre de necesidades en sentido profundo –aunque las capas superficiales aparezcan indigentes y demanden auxilio–. La mujer incluye en sí misma su sexualidad, una sexualidad, por decirlo así, sin distancia. Su esencia metafísica está, sin duda, íntimamente fundida con su esencia viviente; pero el sentido interno la distingue muy bien de todas las relaciones y medios en lo fisiológico, lo psicológico y lo social. Casi todos los estudios acerca de las mujeres nos dicen solamente lo que las mujeres son en su relación –real, ideal, estimativa– con el hombre. Ninguno inquiere lo que las mujeres son en sí mismas; lo cual se comprende fácilmente, pues las normas y exigencias masculinas no valen como específicamente masculinas, sino como objetivas, provistas de un valor absoluto y universal. Y como lo que desde luego se inquiere es sólo *esa relación*, como la mujer es considerada esencialmente o exclusivamente en esa relación, resulta, al fin, que la mujer no es, en sí misma, *nada* –con lo cual se demuestra lo que ya se había supuesto al plantear el problema. Ciertamente, la pregunta absoluta "¿qué es la mujer en sí?", estaría mal planteada o mal contestada si al hacerla prescindiéramos de su feminidad. En efecto, la feminidad –y éste es el punto decisivo– no le sobreviene a la mujer con aquella relación, como si la mujer en sí misma fuese, por decirlo así, un ente sin color metafísico. La feminidad es, desde luego, su esencia, algo absoluto, algo que no se cierne como el absoluto masculino sobre la oposición de los sexos, sino –por de pronto– más allá de esa oposición.

La sustancia masculina tiene, pues, un aspecto formal que prepara su encumbramiento sobre sí misma para elevarla a una idea y norma impersonal e incluso superior a la realidad. La escapada hacia fuera que caracteriza toda productividad, la relación continua con algo exterior a que el hombre se entrega, incluyéndose en amplias series reales e ideales, implica, desde Juego, un dualismo, una fragmentación de la unidad vital en las formas del arriba y del abajo, del sujeto y del objeto, del juez y del reo, del medio y del fin.

La mujer, empero, a todas esas objetividades y superestructuras, a todas esas distancias entre lo subjetivo y lo objetivo, opone su unidad fundamental, una unidad que casi podríamos calificar de inmanente y trascendente a la vez. En esto se revela la típica tragedia de cada sexo.

LA TRAGEDIA DE LOS SEXOS

La tragedia del hombre es la relación entre el producto finito y la exigencia infinita. Esta exigencia se manifiesta en dos sentidos. Procede del yo, porque el yo quiere que todo salga de su propio fondo, quiere vivir y templarse en la creación, y en esta actividad su tendencia no reconoce límites. Procede, empero, también de la idea objetiva, que exige ser realizada y no acepta limitaciones, porque en cada obra reside la idea absoluta de una perfección. Mas, al encontrarse una frente a otra estas dos infinidades, surgen continuos obstáculos. La energía subjetiva que brota del interior, sin conciencia de límite ni incluso de medida, tropieza con sus fronteras tan pronto como se encara con el mundo y quiere crear un objeto en él; porque toda creación es una transacción con las potencias del mundo, una resultante de lo que somos y de lo que las cosas son, y hasta la forma pura del pensamiento consiste en la limitación de la informe corriente espiritual por las necesidades de la lógica, de la evidencia, del idioma. Por su parte, también la idea de la obra padece limitación y angostura, porque sólo pueden llevarla a cabo fuerzas psíquicas, fuerzas que al realizarse se tornan finitas. Esa mengua, esa perturbación y despedazamiento que sobrevienen a todas nuestras producciones, residen en los supuestos mismos de la productividad; la estructura del alma y del mundo, condiciones de toda creación, inyectan en la creación misma un germen de discordia, y la exigencia inmanente de su infinitud va unida *a priori* con la imposibilidad inmanente de llenar esa exigencia. Ciertamente, es ésta una tragedia general humana, por cuanto toda relación práctica, productiva, entre el ser humano y el mundo, padece la misma irremediable dolencia. Pero el sexo mas-

27

culino, que al establecer esa relación obedece a sus más hondas necesidades; el sexo masculino, para quien vivir en los objetos –los dados y los por crear– constituye el fondo y raíz propios; el sexo masculino encuentra esa tragedia en la esencia misma de su ser.

Frente a esa profunda necesidad interna, la tragedia típica del sexo femenino nace de su situación histórica, o, al menos, de las capas más externas de su vida. Aquí no hay ese dualismo que separa las raíces de la existencia y produce esa tragedia, por decirlo así, autóctona. La mujer vive y siente su vida como un valor que descansa en sí mismo. La vida de la mujer condensa su sentido todo en su centro, hasta tal punto, que aun la expresión de "fin en sí" parece demasiado analítica. La categoría de medio y fin, tan profundamente arraigada en la esencia masculina, no puede aplicarse a iguales profundidades de la esencia femenina. Y he aquí ahora la complicación. El destino histórico, social, fisiológico de esas existencias femeninas consiste justamente en ser tratadas y estimadas como medios y hasta en concebirse ellas mismas como medios: medios para el hombre, para la casa, para el niño. Dijérase que el destino de la mujer es más bien triste que trágico. Porque la tragedia aparece cuando el sino destructor, que se opone a la voluntad vital del sujeto, tiene su origen en un elemento último del sujeto mismo, en una capa profunda de la voluntad vital misma. Pero las potencias exteriores, por terribles, angustiosas o destructoras que sean, pueden producir, sin duda, un destino infinitamente triste; nunca, empero, un destino propiamente trágico. Mas el caso de las mujeres es muy particular. Esa exclaustración, ese apartamiento de su profundo centralismo vital, para incluirse en una serie evolutiva y servirla y servir a su otro elemento, no es en la mujer una imposición violenta, absolutamente externa. Cierto es que no está fundada en el sentido metafísico de la vida femenina; pero su causa se halla en el hecho de que las mujeres vivan en un mundo y que en ese mundo haya "otro" con quien es inevitable entrar en relación, aunque ésta tenga que quebrar la pura quietud del centro interior. El dualismo que provoca la tragedia típica de la mujer no procede, pues, de sus profundidades intrínsecas, de su esencia misma, como le sucede al hombre; orígínase en el hecho meramente externo de que la esencia femenina tenga que vivir inmersa en el mundo de la naturaleza y de la historia.

Esa tragedia, por decirlo así, natural, arraiga sólo en la esencia del hombre; pues en la mujer, la naturalidad –si se me permite esta expresión algo confusa– constituye demasiado su esencia metafísica para desenvolver en ella el dualismo trágico. Acaso podamos expresar esto en los términos siguientes: el hombre puede, sin duda, vivir y morir por una idea; sin embargo, esa idea va siempre delante de él, esa idea es para él problema infinito y él permanece constantemente solitario en el sentido ideal. Para el hombre, la única forma de pensar y vivir una idea es referirse a ella, tenerla enfrente; por eso, los hombres creen que las mujeres no son "capaces de ideas" (Goethe). Mas para la mujer, su esencia es inmediatamente una con la idea; la mujer, aunque en alguna ocasión el destino le imponga el aislamiento, no es nunca tan típicamente solitaria como el hombre; la mujer encuentra en sí misma su morada, mientras que el hombre siempre busca la suya fuera.

EL ABURRIMIENTO EN LOS DOS SEXOS

Por eso, en general, los hombres se aburren más que las mujeres. En los hombres, el proceso vital no está tan orgánica, tan evidentemente enlazado con ciertos elevados valores como en las mujeres. Las ocupaciones más o menos grandes que la vida doméstica continuamente impone a la mujer, la protegen contra el aburrimiento; y este hecho no es más que la realización externa, histórica, de una cualidad diferencial que tiene su asiento en lo profundo del alma femenina. El proceso vital posee para las mujeres –y esto guarda una conexión importante con lo que la naturaleza significa para ellas– otro sentido, otra índole, otra medida que para los hombres; el proceso vital femenino tiene una significación tal, que en él la vida y la "idea" se confunden por modo muy particular. Los anatómicos han comprobado que la mujer permanece más próxima al niño que el hombre. Aun después de haber llegado a la cumbre de su vida corporal, la mujer se parece más al niño por las proporciones del esqueleto, por la distribución del tejido adiposo y muscular, por la conformación de la laringe. Y esta analogía no se limita a lo corpóreo: ha dado ocasión a Schopenhauer para deducir una consecuencia tan obvia como liviana: que "las mujeres son toda su vida niños grandes".

Proyectada sobre la perspectiva de la existencia espiritual (incluyendo los territorios fronterizos entre lo psíquico y lo físico), la juventud consiste, sobre todo, en sentir la vida como vida, como proceso, como realidad que fluye por un cauce; la juventud quiere desplegar las energías de la vida sólo porque son energías que aguardan impacientes la hora de dispararse. La vejez, en cambio, confiere a los contenidos de la vida una prerrogativa superior al puro proceso vital. Dijérase que las mujeres, en cierto sentido, han de vivir más que los hombres, han de tener una vida mejor abastecida, más surtida que los hombres, puesto que tiene que alcanzar también para el niño; lo cual no supone mayor cantidad de fuerza sobrante y perceptible desde fuera. En la mujer típicamente femenina sentimos que hay una preeminencia vital del proceso mismo, del vivir mismo, sobre sus contenidos particulares, como ciencia, economía, etc.; una, por decirlo así, submersión en las profundidades de la vida como tal. Esta es la causa de que en las mujeres la idea, el contenido abstracto y normativo, separado idealmente de la vida misma –verdad, ley moral, belleza artística– no alcance el grado de independencia y plenitud que alcanza en los hombres. El sentido, la fórmula de la existencia femenina no consienten que la idea se separe, se aísle para llevar una vida propia e independiente. Y aun esto mismo no es bastante decir. Cuando afirmamos que la mujer encuentra su sentido propio en su proceso vital y no en los resultados de éste, empleamos una representación que no es totalmente adecuada; porque para ella –y en esto consiste la nota que la diferencia de la juventud en general– no se trata propiamente de la contraposición entre el proceso y el resultado o idea, sino que se trata de la vida misma, de una vida tan indiferenciada que no llega a bifurcarse en el dualismo de proceso y resultado. La vida y la idea permanecen aquí inmediatamente unidas, y sobre esta unidad asienta la mujer el valor de un mundo interno o un mundo de valores internos, que para el hombre sólo es posible en forma de distinción y separación. A esto se refiere, sin duda, la "falta de lógica" que universalmente se atribuye a las mujeres, y aunque en este reproche hay, de seguro, no poca superficialidad sospechosa, es tan general y extendido, que debe proceder de algún hecho real.

LA "FALTA DE LÓGICA" EN LAS MUJERES

La lógica representa en la esfera del conocimiento la más perfecta separación e independencia de lo normativo e ideal frente a la realidad viva, inmediata, del espíritu. El que se somete a la lógica se coloca, por decirlo así, ante el reino de la verdad y pliega su pensamiento efectivo a las exigencias de ese reino de lo verdadero. Pero si el pensamiento se desvía de la verdad, no por eso pierde su validez interna ni rebaja en lo más mínimo su pretensión dentro del curso de nuestro espíritu. Este carácter de las normas lógicas hace que la idea y la realidad de nuestro pensamiento estén en oposición aguda. El pensamiento efectivo no cumple de suyo, espontáneamente, las exigencias de la lógica, y, por otra parte, la idea, la verdad, no ejercen tampoco una soberanía indiscutida. Semejante dualismo es justamente lo más opuesto al principio femenino. El principio femenino, concebido en su pureza, está situado en el punto en que la realidad psicológica de nuestras manifestaciones y la idea o imperativo conviven indistintos aún, y no como simple mezcla, sino como inquebrantable unidad, como forma que tiene su sentido propio y peculiar y que vive con igual derecho que cada una de esas otras series separadas en el espíritu masculino. Sin duda, por definición, estas formas masculinas contrapuestas excluyen toda posibilidad de unión inmediata. Pero esto es cierto solamente para un nivel o estadio en que ya se hayan establecido las dos series divergentes. La mujer, empero, vive precisamente en una capa interior más profunda, en la cual dicha divergencia no se verifica. Tal es, al menos, el principio regulativo que constituye la orientación diferencial de la mujer. En cada caso particular, la distancia entre la lógica y la realidad espiritual penetra con mayor o menor claridad en la conciencia.

Por eso, para la mujer resultan muchas veces incomprensibles los esfuerzos del hombre por hacer coincidir, en los múltiples aspectos de la vida objetiva, la idea con la realidad. La mujer posee inmediatamente en sí misma lo que para el hombre es un resultado de la abstracción, esto es, recomposición de elementos anteriormente separados. Lo que entonces llamamos instinto femenino no es otra cosa –aparte los análisis psicológicos que en cada caso puedan verificarse– que esa unidad inmediata de la fluencia espiritual con las normas y criterios que, como por separado, confieren al proceso vital su exactitud y precisión. Existe quizá un instinto que nace de las experiencias acumuladas por la especie y transmitidas por los agentes de la herencia física. Pero hay también otra clase de instinto, un instinto anterior a toda experiencia, un instinto en el cual los elementos psíquicos que separados y diferenciados concurren a formar la experiencia, se conservan inseparados e indiferenciados aún; y el sentido de verdad y acierto que en esta clase de instinto se manifiesta, proviene, sin duda, de la misteriosa concordancia –pronto nos ocuparemos de ella– que parece existir entre esa unidad profunda de la sustancia espiritual y la unidad del universo en general. En la primera forma del instinto, los elementos que integran la experiencia se han refundido de nuevo en unidad psíquica. En la segunda forma del instinto, esos elementos permanecen aún inseparados. Pero, en ambos casos, falta la claridad consciente que por división y colisión sobreviene luego en esos elementos llamados por Kant sensibilidad e intelecto.

Y es el caso admirable que, aunque son pocas las mujeres propiamente geniales, sin embargo se ha observado con frecuencia que el genio tiene algo de feminidad. Sin duda, se refiere esta semejanza, no sólo a la creación de la obra, cuya inconsciente gestación, alimentada por la personalidad toda guarda cierta analogía con el desarrollo del niño en el seno de la madre, sino también a la unidad apriorística de la vida y la idea, a esa unidad en que reside la esencia femenina y que el genio repite en su grado máximo y productivo. Sobre la oscuridad de esa conexión metafísica, primera forma del instinto, que la actividad lógica consciente aspira a sustituir, a corregir, a asegurar, se adelanta el instinto femenino, la sapiencia inmediata de la mujer, y se comprende fácilmente que esta prelación sea tan frecuente como el acierto mismo y la exactitud.

Así, pues, esa que llamamos falta de lógica en las mujeres no es, en modo alguno, un fenómeno de deficiencia, sino la expresión negativa en que formulamos la índole femenina, constituida, en rigor, por muy positivas cualidades. Y esto justamente se repite en otro aspecto, que, por decirlo así, traslada a otra dimensión esa misma falta de lógica. Suele decirse que las mujeres no gustan de "demostrar". La lógica y la demostración se fundan sobre la oposición entre el curso real de nuestro pensamiento y la verdad objetiva; la validez de la verdad no depende del curso efectivo del pensamiento, sino que el pensamiento se esfuerza por aprehender la verdad. En la lógica se expresa, como hemos dicho, el dualismo de esa relación, el hecho de que nosotros, con todo nuestro pensamiento efectivo, nos sentimos constreñidos a plegarnos a ciertas normas que no forman parte de nuestro pensar real, sino de un reino de la verdad sustentado en sí mismo. En la demostración, empero, aparece y vive otro rasgo, que es que en innumerables casos el pensamiento efectivo no puede alcanzar esa verdad sino *indirectamente*. El puro movimiento intelectual no suele llegar a la coincidencia con su objeto en el momento mismo de arrancar, sino después de haber recorrido un camino compuesto de etapas o estaciones más o menos numerosas. Esta condición y carácter de ser siempre camino, mediación y no contacto inmediato con la realidad, es un hecho primario de nuestro conocimiento intelectual: no todas las demostraciones son indirectas, pero sí todas constituyen, un modo indirecto de llegar al objeto. Toda demostración, ya sea breve y sencilla, ya se componga de largas cadenas de razones, consiste en reducir algo nuevo y por el momento problemático a una verdad anterior firme y reconocida. La última verdad, empero, no puede ser demostrada, porque su demostración significaría que no es, en efecto, la última, sino que se sustenta ella también en otra más fundamental. Esta forma invariable de toda demostración es causa de que el discurso demostrativo sea inadecuado a la esencia femenina en su profundidad y relación metafísica con la realidad. En efecto, la esencia femenina descansa inmediatamente en lo fundamental, en el fundamento absoluto, de manera que en cada problema la mujer siente lo primario, lo indemostrable –que en cada caso puede ser o no plausible y racional–, y no necesita, no puede necesitar, por decirlo así, el rodeo de la demostración. Sumergido en la realidad universal, el instinto de la mujer habla como desde una identidad fundamental con los objetos, no necesita intermediario alguno. Dijérase que el conocimiento femenino tiene su residencia natural en esa última verdad a que todas las demostraciones se retrotraen y en la que todas están como contenidas en germen; de manera que la forma discursiva del camino, que es propia y peculiar de todos nuestros conocimientos demostrativos, resulta para la mujer superflua e ineficaz. Todas las insuficiencias del conocimiento derivadas de este modo de ser –ya que para nosotros los problemas cognoscitivos sólo pueden ser resueltos por vía discursiva y no por coincidencia de punto de partida con el de llegada– y el hecho tantas veces criticado de que las mujeres no gustan ni de demostrar ni de oír demostraciones, no constituyen, pues, por decirlo así, un defecto aislado, sino que arraigan en la índole fundamental del tipo femenino y su relación con la existencia en general.

Cada vez iremos comprendiendo mejor que la fórmula característica del ser femenino, en su sentido metapsicológico, es ésta: la estructura subjetiva de la mujer tiene una significación puramente interna y permanece como encerrada dentro de los límites del alma, y esa su estructura interna entra en la relación inmediata o unión metafísica con la realidad universal, con algo que podríamos llamar el fondo mismo de las cosas. En esto es la mujer profundamente distinta del ser masculino. Para el hombre, la verdad, la realidad cósmica, la norma, residen allende los límites psicológicos en que se mueve su alma inmediata e inmanente; el hombre, en virtud de su estructura propia, considera esas cosas como algo que se halla *fuera y enfrente*, como algo que hay que conquistar –acaso también como algo inaccesible–, algo que manda o que constituye una empresa y tarea intelectual. Por eso, la expresión espiritual del ser masculino es la lógica, que se funda en el dualismo entre el mundo psicológico real y un mundo ideal de la verdad sin contacto con el primero; y es también la demostración, que presupone el conocimiento discursivo, la necesidad de un camino y un rodeo para alcanzar la verdad. En cambio, la mujer, con su unidad interior, no necesita de la lógica para nada, y vive, por decirlo así, en las cosas mismas, en la verdad de la realidad; por tanto, le es indiferente también la demostración, que es la que a nosotros nos conduce por el camino discursivo hasta la realidad misma. En aquella aversión a la lógica manifiesta la mujer su forma inmanente: en este desdén de la demostración manifiesta su forma trascendente. Podríamos resumir esquemáticamente la esencia femenina, apurando su contraposición a la masculina, de la siguiente manera: en la mujer, justamente su inmanencia es su trascendencia.

LA MUJER Y LA ÉTICA

La índole propia de la mujer, independiente de toda relación con lo masculino, se manifiesta con máxima plenitud y significación en el terreno de la moral. En la ética, el dualismo entre la realidad y la idea se abre ampliamente, y el imperio de lo moral parece sustentarse todo sobre ese abismo, sobre esa dualidad. Dijérase, por tanto, que para afrontar los problemas morales, los serios y profundos problemas de contraposición entre lo real y lo ideal, la fórmula masculina es la única adecuada. Por eso, un pensador como Weininger, que lleva el dualismo masculino a su último extremo y sin la menor vacilación proclama el ideal masculino como ideal general de toda la humanidad, finca precisamente en la ética, y desde este punto de vista demuestra que la feminidad tiene un valor absolutamente negativo. Y procede en esto con perfecta lógica, porque para él la mujer no es mala ni moral, sino simplemente amoral, indiferente al problema ético. Pero hay que tener en cuenta que el dualismo entre el imperativo ético y los impulsos naturales no es la única base posible de una vida moral. Existen también esas almas que llamamos "almas bellas". Para éstas, la acción moral no necesita producirse venciendo los obstáculos de las tendencias contrarias, sino que fluye espontánea de una propensión natural, ajena a todo conflicto con el deber. El "alma bella" vive una vida, por decirlo así, monorrítmica; desde luego, lo que quiere coincide con lo que debe, y lo que en este punto nos interesa es precisamente que en principio puedan existir tales almas, almas en donde la naturaleza personal y la idea extrapersonal formen una unidad metafísica que se revele en la armonía interior de las acciones voluntarias.

Dos pueden ser las vías conducentes a ello: la masculina, que consiste en reducir el dualismo a unidad, y la femenina, que es anterior a todo dualismo. Un carácter en el cual los impulsos naturales hostilicen al impulso moral; un carácter para quien el deber sea un penoso imperativo, duro de cumplir, puede llegar a esa unidad del alma bella mediante continuadas purificaciones y transformaciones. Cada victoria sobre sí mismo facilita la victoria siguiente; la lucha obstinada y triunfante contra las tendencias inmorales acaba por debilitar, apagar estas tendencias; entonces las propensiones naturales se orientan espontáneamente en dirección a la moralidad. Y cuando esta transformación está por completo conseguida, queda superado el dualismo primario y reducido a la unidad del alma bella. Pero la otra forma del alma bella no necesita superar ningún dualismo: posee ya la unidad como principio interior inmediato. En este caso, la unidad no es el premio de la lucha, no es la recompensa por haber reducido las tendencias contrarias, sino que, desde luego, la vida de la voluntad permanece indiferenciada y cobija la idea en el seno unitario de su espontaneidad.

Estas dos formas corresponden exactamente a las que antes hemos indicado cuando hablábamos del instinto de la exactitud teorética: una era el éxito creciente con que se establece la relación entre elementos separados; la otra era la unidad previa de esos elementos, la unidad anterior a toda separación, y, por tanto, indiferente a toda relación. Ahora tenemos aquí el tipo ético que, entre todos los que pueden realizarse por hombres o por mujeres, corresponde mejor a la esencia femenina y se desarrolla más inmediatamente de la fórmula vital femenina. Más adelante explicaremos cómo esa profunda inmersión en sí mismas que caracteriza a las mujeres, esa vida femenina que mana de un manantial único, de un manantial que no se divide,

como el de la vida masculina, en chorros varios y divergentes, tiene su última significación en la sospecha o en la
certidumbre de la siguiente verdad metafísica: que esa
esencia unitaria de la mujer es algo más que una realidad
peculiar y personal, y que las mujeres, inmersas en el profundo ritmo de su interioridad, viven identificadas con la
raíz misma de la vida universal. Aquí se expresa por el
lado del deber, de la idea moral, la misma unidad que
antes por el lado de la realidad, del conocimiento.

DUALISMO DEL HOMBRE, UNIDAD DE LA MUJER

Con expresión harto parcial, podemos decir que el dualismo específico del hombre es el dualismo "entre el pla-
cer de los sentidos y la paz del alma". Pero la naturaleza
femenina, por numerosas que sean sus complicaciones
psicológicas e históricas, pone en lugar de ese dualismo
una conducta interior armónica y unitaria que corresponde a la esencia profunda de la feminidad. Por de pronto,
se ha observado que esa unidad subjetiva dominante de
todos los procesos espirituales aparece con muchísima
más frecuencia en las mujeres que en los hombres, y es en
las mujeres más fundamental y más consciente; se trata de
un modo de ser en que, por decirlo así, el sujeto se halla

de acuerdo consigo mismo, en que la acción no se ve entorpecida por vacilaciones internas y fluye espontánea como brotan espontáneos las hojas y los frutos de un árbol; se trata de una esencia en la cual el sujeto es siempre como debe ser y obra siempre como debe obrar, con la conciencia, empero, de una libertad despreocupada, porque todas las corrientes vitales van de suyo en una misma dirección. Y lo decisivo en todo esto es que esa unidad inmanente de la vida subjetiva se percibe a sí misma como identidad con la idea moral y con lo que esta idea moral impone al sujeto. La ética dualista considera a las mujeres como seres de menor valía porque actúan más ingenuamente y con la conciencia más limpia que el hombre. Esta apreciación se explica por el hecho de que en la mujer la realidad y el ideal permanecen inseparados, indistintos. Sin duda, esa íntima solidaridad para cuanto se refiere a la conducta, ese ser de una pieza no siempre da por resultado el cumplimiento de la idea moralmente válida, como tampoco la otra vía, la vía dualista del hombre, lleva siempre a la realización de la idea. La índole opuesta de la mujer presenta sólo la forma del alma bella y no siempre realiza su contenido. Pero dondequiera que aparezca un tipo de ética femenina –y en manera alguna sucede esto en todas las mujeres, ya que entre el polo masculino y el polo femenino existen numerosos intermedios psicológicos–, la conducta fluye de esa unidad esencial, que es al mismo tiempo unidad con la idea. Lo específico en la moralidad de las mujeres consiste quizá en que el modo de ser femenino es subjetivamente más certero, pero objetivamente más peligroso que el masculino.

Con todo esto nos proponemos simplemente mostrar cuán profunda es la reclusión de la mujer en el seno de su realidad propia. La mujer rechaza todo cuanto está fuera de su ser. La mujer es feminidad absoluta, y lejos de recibir su esencia de su relación con el hombre, como suele creerse, la afirma independiente de toda relación. Así se explica que las mujeres, a pesar de su absolutismo interior, tengan que abandonar al principio masculino la tarea de fijar y determinar el mundo objetivo, suprasexual, el mundo teorético y normativo que se contrapone al yo. No pretendemos con esto insinuar que las mujeres sean inferiores a los hombres. Para evitar hasta la sombra de semejante insinuación, hemos de insistir en que, en esencia, unos y los mismos *contenidos* espirituales y vitales pueden realizarse en *forma* masculina o en *forma* femenina, según que su síntesis se haya verificado de conformidad con este o aquel principio. Repitámoslo: la fundamental, la absoluta identidad entre el ser y el sexo de la mujer hace que la sexualidad, en el sentido corriente de relación con el hombre, sea para ella algo secundario

–aunque esa relación pueda muchas veces convertirse en importantísima–. La sexualidad de relación es, en efecto, para la mujer la forma en que se manifiesta aquella otra sexualidad absoluta que ella prácticamente acoge íntegra en sí misma. De aquí resulta que todas las manifestaciones de la mujer, todas las exteriorizaciones y objetivaciones de su esencia aparecen, no como humanas en el sentido general de esta palabra, sino como específicamente femeninas; mientras que las manifestaciones del hombre, al contraponerse a las de la mujer, adquieren un aspecto suprasexual y puramente objetivo. La unidad del ser con el sexo, característica del ser femenino, da a la mujer una orientación fija, que, saliendo de su intimidad, va hacia una cosa externa *determinada*. Esa orientación justamente falta en el hombre, y por eso el hombre tiende hacia lo general, y, por tanto, hacia lo objetivo, lo que trasciende del sujeto. Las relaciones de prepotencia histórica que han hecho de los productos masculinos los típicos representantes de la objetividad, avecindados en lo absoluto, lejos de todo contacto con la oposición sexual, no son sino modulaciones que realizan en los órdenes del tiempo la diferencia íntima entre los caracteres de ambos sexos. Esas distintas modalidades manifiestan la distinta forma en que el sexo influye sobre la esencia integral del hombre y de la mujer.

Todo esto encuentra su expresión, por decirlo así, lógica, en la mayor dificultad que experimentamos para definir, para fijar en conceptos la esencia masculina que la esencia femenina. Los caracteres genéricos de la humanidad –cada sexo es como una especie particular dentro del género humano– se confunden de tal manera con los propios del varón, que no hay modo de encontrar la diferencia específica; lo absolutamente general no se puede definir. Si, a pesar de todo, se citan algunos rasgos típicamente masculinos, pronto se advierte, al considerarlos con atención, que se trata en realidad de diferencias relativas a otros rasgos específicamente femeninos. En cambio, la esencia femenina no se define por simple oposición a la masculina; la feminidad se siente como algo que existe por sí, algo que está en sí mismo determinado, una especie particular de humanidad que en modo alguno puede definirse por contraposición. Desde la brutal soberbia del ignorante, hasta la especulación más sublime de la filosofía, la vieja opinión de que sólo los varones son propiamente hombres, representa como el *pendant* lógico de esa mayor facilidad con que acertamos generalmente a definir la esencia femenina que la masculina. Por eso, hay innumerables psicologías de la mujer y casi ninguna especial del varón. Y una vez más esa profunda diferencia de los sexos se halla confirmada por un fenómeno que aparece en las capas superficiales de la psicología: para el término medio de los hombres, el mismo interés tiene, aproximadamente, la modistilla que la princesa. Se comprende fácilmente que si en vez del tipo específico consideramos en cambio el individuo, ya entonces resultará inversamente más fácil definir y describir tal o cual hombre que tal o cual mujer. Esto obedece, sin duda, a que los conceptos de nuestra cultura, en virtud de la prerrogativa de los hombres, se orientan de preferencia hacia las tonalidades masculinas de los procesos psicológicos. Y aunque el género mujer es bastante importante para exigir que se elaboren conceptos capaces de determinarlo con precisión, la productividad del idioma no ha logrado penetrar en los caracteres individuales del sexo femenino. La descripción psicológica de las mujeres individuales tropieza con finísimos matices que eluden toda aprehensión; las mujeres mismas son incapaces de hacerse comprender íntegramente de los hombres. Pero hay de todo esto una razón todavía más profunda: *la* mujer individual es más difícil de definir que *el* hombre individual justamente porque el género mujer es más fácil de definir que el género hombre. Cuando el concepto general es sentido como algo particular, como algo diferencial y determinado, la individualidad, en cierto modo, resulta absorbida por la generalidad, se agota en la generalidad, no quedando entonces ni espacio ni interés para una individualización posterior. Esta es la causa de muchos fenómenos particulares que expresan uno de los más profundos rasgos del sexo femenino; en la mujer mucho más que en el hombre, lo general vive bajo la forma de lo individual y personal. En la mujer típica y perfecta hay muchos rasgos específicos y propiamente impersonales que se convierten en algo personalísimo y brotan de la interioridad, como si salieran del núcleo único de la personalidad y aparecieran en el mundo por primera vez. Nada, sin duda, tiene un carácter más genérico que las relaciones eróticas. Pues bien; mientras que el hombre, en efecto, las siente y, practica infinitas veces como algo general, la mujer en cambio, dijérase que las considera como un destino personalísimo, no como un acontecimiento específico que en ella se verifica, sino como su más propia productividad interior. Y lo mismo le sucede en su relación con el niño, antes y después del alumbramiento, en esa relación la más típica de todas y tan profundamente arraigada en lo infrahumano. Para la mujer, empero, esa relación se verifica en las capas más hondas del alma, en esa región totalmente impersonal que hace de ella una simple estación de paso en la evolución de la especie, y crece luego arrancando del centro en donde todas las energías de su esencia se han condensado en su personalidad.

Por último: la moralidad, que no es sino la forma de la vida social, la conducta que la sociedad ha impuesto para su propia conservación, parece como si brotase del instinto peculiar de la naturaleza femenina. La mujer "aspira hacia las buenas costumbres", que dijo Goethe, que muchas veces la inquietud del hombre obstaculiza. La moralidad es en la mujer algo así como la piel de la sustancia femenina. La libertad, que muchas veces sólo encuentra el hombre fuera de la conducta moral, encuéntrala la mujer en sí misma –concedemos todas las excepciones particulares de este modo de ser típico e histórico–; pues libertad quiere decir que la ley de nuestras acciones es la expresión de nuestra naturaleza propia. Estas encarnaciones de o general en lo personal explican por qué la feminidad puede definirse como especie, mientras que elude fácilmente toda definición como individuo. En cambio, cuando una esencia es tan absolutamente general como la esencia masculina –hasta el punto de que el varón como tal se ha convertido en sinónimo histórico de lo humano–, entonces su concreción en los individuos resulta más fácil de fijar porque le queda mayor espacio para destacarse. Así, pues, *la* mujer es más fácil de definir que *el* hombre; pero *una* mujer es más difícil de definir que *un* hombre. Y esta diferencia misma aparece como expresión de cierta relatividad fundamental que incluye el caso de los sexos en un tipo infinitamente más amplio de espiritualidad y metafísica humanas; en efecto, la contrapuesta determinación en que los sexos se nos ofrecen pierde su equilibrio en el sentido de que el hombre asciende a la categoría de lo absoluto, dominando así toda la relación de la cual es también miembro.

LA MATERNIDAD

He dicho antes que ese encumbramiento de una de las partes sobre la totalidad de la relación bipartita no suele ser privilegio constante de un mismo lado. Los distintos partidos o actitudes dan un sentido absoluto ora a uno, ora a otro de los dos términos relativos. La función peculiar del espíritu frente a los contenidos cósmicos se caracteriza porque todo elemento absoluto puede ser en cierto modo considerado como relativo, esto es como determinado por relación a otro; y, a su vez, todo elemento relativo puede encumbrarse sobre su relación y convertirse en absoluto y por sí. Así, el principio masculino y de igual modo el femenino adoptan alternativamente, como hemos visto, una posición independiente de esa relatividad que, a primera vista, da a ambos su sentido, Y el principio femenino la adopta, no sólo por indiferencia a la existencia del masculino, no sólo por indiferencia a su relación con el hombre, como aparece por lo que llevamos dicho, sino más aún, la adopta encumbrándose positivamente por encima del complejo diferencial que comprende los dos sexos. El hombre, sin duda, se eleva a tal altura sobre la contraposición de los sexos, que hasta las normas objetivas poseen carácter masculino; y hemos visto que esas al parecer simples violencias históricas por parte del hombre, tienen en el fondo su germen primario en la estructura misma del espíritu masculino. Pero la mujer también gravita por encima de la contraposición sexual, porque su esencia vive y se alimenta inmediatamente en el manantial de donde fluyen los dos extremos de la relación. Si el hombre es, pues, más que varón, la mujer es también más que hembra, porque representa la base general que en sustancia y génesis comprende los dos sexos, porque la mujer es la madre. En el hombre, lo absoluto se cualifica en el sentido del objeto suprasexual, que es masculino; en la mujer, lo absoluto se cualifica en el sentido del fundamento suprasexual, que es femenino. Allí, el hacer y el producir prescriben el dualismo como forma en que el hombre trasciende de sí; el dualismo es específicamente masculino. Aquí, el ser prescribe la unidad como forma en que los humanos, en cierto modo, se sumergen en sí mismos, en la indistinta posibilidad de toda ulterior evolución. Sin duda, ese ser no es algo incoloro: es el ser femenino. Pero sus capas más profundas eluden toda relación que pudiera determinarlas por contraposición al hombre. Así, la feminidad, cuya primera e inmediata manifestación es la maternidad, aparece como algo absoluto, como algo que sirve de base a la vez a lo que luego va a ser, en el sentido relativo, varón o hembra.

Y aquí es donde adquiere todo su valor una hipótesis metafísica que, aunque indemostrable, serpentea por toda la historia del espíritu humano en forma de vislumbre, de sentimiento, de especulación: que el hombre, cuanto más hondo se sumerge en su propio ser, cuanto más puramente se abandona a su propia esencia, tanto más se acerca a la realidad, a la unidad cósmica, y tanto más perfectamente revela y expresa el universo. De esta convicción se ha alimentado la mística de todas las edades. Pero no sólo la mística. En las imágenes cósmicas, mucho más claras y tan opuestas, de Kant y Schleiermacher, de Goethe y Schopenhauer, alienta también esa misma convicción, unas veces patente, otras veces oculta, en variadísimas conjugaciones. El sentimiento místico peculiar que ha caracterizado siempre cierta actitud típica ante las mujeres, encuentra aquí quizás un fundamento comprensible.

Obedece, sin duda, a la conciencia oscura de que las mujeres viven más plenamente, más íntegramente sumergidas en su propio ser que los hombres; de que las inquietudes del producir, del actuar, del enfrontarse con las cosas y con la vida hacen menos mella en el fondo sustancial del ser femenino; de que, recluidas en las cámaras más internas de su ser, las mujeres permanecen más que los hombres inconmovibles y firmes –y de que, por lo tanto, la raíz de la feminidad es al propio tiempo el fundamento de la existencia cósmica, la unidad recóndita e incógnita de la vida y el universo. Por virtud de su más genuina esencia, la mujer –cuando no la desvían violencias y necesidades históricas, influjos derivados de la *relación* con el hombre– vive de su propio fondo. Esto, empero, no significaría gran cosa si ese su fondo propio no fuera al mismo tiempo, en cierto modo, el fondo de la realidad. La maternidad es la que establece el lazo de unión; mas la maternidad desenvuelve en la forma del tiempo y de la vida material algo que es en sí una postrera unidad metafísica. Y si en vez del concepto metafísico de ser empleamos el concepto más psicológico, o si se quiere formal, de existencia o vida reclusa, no haremos sino presentar, por decirlo así, con distinta envoltura el mismo contenido. Aunque el hombre, la cultura y el destino arrastren a la mujer por la vía del típico dualismo masculino, sin embargo, el hombre mismo, desde su esencia dualista, comprende que la mujer tiene una sustancia más cerrada, es decir, que los elementos del ser femenino no se hostilizan, sino que forman una unidad fundamental, núcleo y base de todo lo particular, una unidad sin nombre que se manifiesta como conexión inmediata de asociaciones. Y es lo más admirable que esa existencia cerrada y reclusa contiene, sin embargo, la más enérgica alusión simbólica y metafísica a la totalidad del universo exterior, del cual ella misma es un elemento. Así como la obra de arte, dentro de los infranqueables límites de su marco, se separa de la dispersión innumerable de las cosas y por ello precisamente se convierte en un símbolo de la existencia, así la mujer representa frente al hombre una unidad total engarzada en la pluralidad de la vida multiforme. No es solamente por decencia externa por lo que la mujer evita los movimientos de enérgica aprensión, las palabras agresivas, el disparo impulsivo, irreflexivo de la actividad. La omisión de todas esas manifestaciones centrífugas de largo alcance, la contención y sobriedad de la persona han llegado a ser la forma típica de la conducta femenina justamente porque constituyen la expresión histórica de esa *naturaleza reclusa* de la mujer, de esa esencia profunda y general que sirve de fondo a todos sus estados psicológicos particulares. Por eso el modo de ser femenino guarda con la totalidad del universo una relación, oscuramente sentida, que ocasiona a veces las más extrañas reacciones. La obra de arte, aunque es una parte de la realidad, nos aparece, sin embargo, tan conclusa y encerrada en sí, que representa como un contrapolo de la realidad y alude a un fondo metafísico inefable que sustenta la igualdad de forma. Sin duda, esa misma reclusión y unidad esencial es la que ha puesto siempre sobre la mujer una aureola de simbolismo cósmico –como si la sustancia femenina, trascendiendo de toda palpable singularidad, estuviese en relación directa con el fondo universal de las cosas.

ADORACIÓN Y TEMOR DE LA MUJER

A pesar de los desprecios y malos tratos, las mujeres, desde los tiempos primitivos, han sido objeto siempre de un sentimiento peculiar: el sentimiento de que no son sólo mujeres, es decir, antes correlativos del hombre, sino algo más todavía: y que en tal sentido deben de tener comercio con las potencias ocultas, deben de ser sibilas o brujas, seres, en suma, capaces de transmitir las bendiciones o las maldiciones de los abscónditos senos cósmicos; seres, por tanto, que debemos reverenciar místicamente, evitar cuidadosamente o maldecir como a demonios.

Ninguna de estas brutalidades o poéticas transfiguraciones se funda en una propiedad o actividad de la mujer; y aunque, sin duda alguna, todas ellas se refieren a un motivo profundo y uniforme, no hay medio de descubrirlo y denominarlo históricamente. Dijérase más bien que un ser tan profundamente sumergido en su esencia indiferenciada, un ser tan poco propicio a trascender de sí mismo como la mujer, ha producido siempre la impresión de hallarse en la proximidad inmediata de los hontanares metafísicos, en una especie de identidad con el fondo universal de las cosas, que unos conciben como raíz primaria de la naturaleza, otros como realidad mística sobrenatural, otros como elemento metafísico en sentido puro. La feminidad, en su valor absoluto, sumerge a la mujer en la unidad de lo real; en cambio, la masculinidad absoluta aparta al hombre de la realidad y lo empuja hacia la idea. Los hábitos intelectuales vigentes –ya se refieran a la realidad en relación asimptótica o en relación simbólica– nos obligan a concebir la diversidad, el movimiento, la uniformidad como resultantes de una unidad fundamental, por decirlo así, inmóvil; de una unidad que, en el hombre, se resuelve en las típicas manifestaciones y formas dualistas, diferencíales, mientras que en la mujer se conserva como única sustancia sensible –como si en cada nueva maternidad repitiese la mujer el proceso que, de los oscuros senos indistintos de la existencia, extrae las particularidades y movilidades para repartirlas en la forma individual.

LOS DOS ABSOLUTOS

Puede decirse, por lo tanto, que cuanto más hondamente femenina es una mujer, en este sentido absoluto, menos femenina es en el sentido relativo, en el sentido diferencial orientado hacia el hombre. Y otro tanto le sucede al hombre, aunque la expresión resulta paradójica. En efecto, lo típicamente masculino consiste en edificar sobre la vida subjetiva y, por decirlo así, monorrítmica un mundo de objetividades y de normas desde las cuales la existencia de los sexos aparece como contingente y accidental; por lo tanto; un hombre será tanto menos varón –en el sentido de la relatividad sexual– cuanto más hombre sea en el otro sentido absoluto de la producción masculina. En la peculiaridad propia de cada sexo palpita una de las dos significaciones del concepto de "lo general": lo general como abstracción posterior a las cosas singulares, y lo general como uniformidad sustancial que precede a toda separación de las cosas singulares. No propendo a encajonar la vida en moldes sistemáticos y simétricos. Pero si se quiere obtener, por de pronto, una imagen de la estructura anatómica de la realidad viviente (justamente los esqueletos ostentan esa simetría esquemática, que luego los procesos fisiológicos complican en las infinitas conjugaciones de la vida plena, irreductible ya a simples equivalencias), podemos decir que la relación de los sexos, la relación que confiere a cada sexo su propia peculiar índole, está en esa doble acepción de lo absoluto. Por una parte, lo absoluto masculino, que es más que masculino, significa la objetividad, la altitud normativa sobre toda subjetividad y oposición, altura que sólo se escala por la vía del dualismo; por otra parte, lo absoluto femenino, inmóvil en su reclusión sustancial, constituye la unidad del ser humano antes, por decirlo así, de la distinción entre el sujeto y el objeto.

"Männlichkeit und Weiblichtkeit", 1902

59

Cultura objetiva y cultura subjetiva

Puede considerarse la cultura como el perfeccionamiento de los individuos merced a la provisión de espiritualidad objetivada por la especie humana en el curso de la historia. Decimos que un individuo es culto cuando su esencia personal se ha completado asimilándose los valores objetivos: costumbres, moral, conocimiento, arte, religión, formas sociales, formas de la expresión. Es, pues, la cultura una síntesis singularísima del espíritu subjetivo con el espíritu objetivo. El último sentido de esta síntesis reside, sin duda, en el perfeccionamiento individual. Mas para que ese perfeccionamiento se verifique es preciso que los contenidos del espíritu objetivo existan como realidades propias, independientes de quien las creó y de quien las recibe, de manera que constituyan a modo de elementos o estaciones en el proceso de perfeccionamiento. Y así, esos contenidos, esto es, el conjunto de lo que ha sido expresado y hecho, de lo que tiene existencia ideal y eficacia real, el complejo de los tesoros culturales de una época, puede llamarse la "cultura objetiva de dicha época".

Ahora bien, una vez determinada la cultura objetiva, plantéase el siguiente problema, bien distinto y peculiar: ¿con qué amplitud, con qué intensidad se apropian los diferentes individuos esos contenidos de la cultura objetiva? Este es el problema de la cultura subjetiva. Tanto desde el punto de vista de la realidad, como desde el punto de vista del valor, ambos conceptos son independientes uno de otro. Puede ocurrir que de una cultura objetiva muy elevada esté excluida la gran masa de los individuos. Por otra parte, puede suceder también que, siendo relativamente baja la cultura objetiva de una época, participe de ella la masa, de manera que la cultura subjetiva alcance un nivel relativamente alto. E iguales variaciones se ofrecen en el juicio del valor. El hombre de temple individualista puro, y sobre todo de temple social, estimará la importancia de la cultura según el número de personas que en ella participen, según la mayor o menor amplitud de esa participación, según el refinamiento y la felicidad, la belleza y la moralidad que la vida de los individuos adquiera por su contacto con los bienes culturales. Pero quienes antepongan a la utilidad de las cosas las cosas mismas, quienes sobre el impetuoso torrente de la acción, del goce y del dolor contemplen el sentido intemporal de las formas perespiritualizadas, éstos buscarán ante todo la modalidad de la cultura objetiva y dirán que el valor real de una obra de arte, de un conocimiento, de una idea religiosa y hasta de una norma jurídica o moral no depende en manera alguna de la mayor o menor frecuencia con que tales bienes culturales se incorporen al curso fortuito de la vida real.

En el cruce de esos dos caminos se desvían igualmente los dos problemas estimativos que plantea el movimiento feminista moderno. Por su origen, el feminismo parece caminar en la dirección de la cultura subjetiva. Al querer las mujeres adoptar las formas de la vida y de la producción masculinas, aspiran, sin duda, a participar personalmente de los bienes de cultura ya existentes, pero de los cuales se han visto excluidas hasta ahora. Quieren, pues, aumentar su cultura subjetiva, ya sea este aumento para ellas origen de nuevas felicidades, imposición de nuevos deberes o desarrollo de una nueva educación personal. Pero siempre se trata de un empeño que no trasciende de lo individual, aunque haya de extenderse a millones de seres en el presente como en el futuro. Es como una multiplicación de los valores, no una creación de valores nuevos en el sentido objetivo. En esta dirección se orientan los aspectos eudemonísticos, éticos, sociales del movimiento feminista.

Pero no por eso desaparece el otro problema, mucho más abstracto, mucho menos apremiante. ¿Dará lugar el movimiento feminista a nuevas producciones? ¿Aumentará el caudal de la cultura objetiva? ¿Podrá ser un movimiento que no sólo multiplique y reproduzca, sino que produzca y cree? Es posible que el feminismo eleve extraordinariamente el nivel de la cultura subjetiva, como opinan sus partidarios. Es posible también que lo rebaje, como profetizan sus enemigos. Pero, en todo caso, sí el feminismo llega a producir un aumento en los contenidos de la cultura objetiva, este resultado será independiente por completo del que obtenga en punto a cultura subjetiva. Y lo que nosotros aquí nos proponemos es computar las probabilidades de que las mujeres logren aumentar el acervo objetivo de la cultura, o, mejor dicho, estudiar las bases, los fundamentos de esas probabilidades, esto es, las relaciones esenciales que mantiene la naturaleza femenina con la cultura objetiva.

CARÁCTER MASCULINO DE LA CULTURA OBJETIVA

Quede ante todo establecido el hecho de que la cultura humana, aun en sus más depurados contenidos, no es asexuada. No por objetiva hemos de figurárnosla situada allende la diferencia entre varón y hembra. Nuestra cultura, en realidad, es enteramente masculina –con excepción de muy escasas esferas–. Son los hombres los que han creado el arte y la industria, la ciencia y el comercio, el Estado y la religión. Y si todo el mundo cree en una cultura puramente "humana", indiferente a la dualidad sexual, es porque todo el mundo ingenuamente identifica "hombre" con "varón", y hasta en algunos idiomas se usa la misma palabra para los dos conceptos. Y esta identificación, por otra parte, es también la causa de que no exista una cultura verdaderamente asexuada. ¿A qué es debido este carácter masculino de nuestra cultura? ¿Procede acaso de la esencia íntima de los sexos, o de una prepotencia de los varones, sin relación intrínseca con el problema de la cultura? Queden por el momento incontestadas estas preguntas En todo caso, puede decirse que la masculinidad de la cultura es la causa por la cual suelen desestimarse por "femeninas" las producciones insuficientes en las más varias esferas y ponderarse por "varoniles" los hechos o creaciones notables de algunas mujeres. Por eso, la índole misma –y no sólo la cantidad– de nuestra labor cultural solicita las energías varoniles, los sentimientos varoniles, la intelectualidad varonil. Y esto adquiere una importancia enorme –al extenderse por todos los ámbitos de la cultura, sobre todo en aquellas capas que pudiéramos llamar de la semiproductividad, en donde no se trata de extraer una primicia absoluta del fondo espiritual creador, pero tampoco de repetir mecánicamente un modelo propuesto, sino de cierto término medio. La historia de la cultura no ha prestado atención suficiente a esta región media de la productividad. Tiene, sin embargo, una enorme importancia para el estudio de las finas estructuras sociales. Hay amplios sectores de la técnica, del comercio, de la ciencia, de la milicia, de la literatura y del arte que requieren innumerables productos de originalidad, por decirlo así, secundaria; productos que, dentro de ciertas formas y condiciones dadas, exigen, sin embargo, iniciativas, carácter, fuerza creadora. Y justamente en ellos resulta evidente el empleo de las energías masculinas, porque esas formas y condiciones proceden del espíritu masculino y transmiten este carácter a dichas producciones, por decirlo así, epigonales.

Citaré sólo un ejemplo del carácter masculino que poseen los contenidos culturales al parecer neutros. Con frecuencia se afirma que las mujeres no tienen sentido jurídico y manifiestan antipatía por las normas y las sentencias del derecho. Pero no hace falta interpretar este sentimiento como una oposición al derecho en general, sino sólo al derecho masculino, único que poseemos y que, por lo tanto, nos aparece cual el derecho en absoluto –como igualmente nuestra moral histórica, la moral de un tiempo y de un lugar, nos parece realizar cumplidamente el concepto de la moral en general. El sentido femenino de la justicia –tan diferente en muchos puntos del masculino– daría lugar a un derecho también distinto. Pues, por muy problemático que tal sentimiento sea para la lógica, ello no debe ocultarnos que, en última instancia, la legislación y la jurisprudencia descansan sobre él. Si existiere un fin último objetivo de todo derecho, podrían, sin duda, construirse las determinaciones jurídicas por vía racional, orientándolas en el sentido de dicho fin. Pero este fin, a su vez, no podría quedar establecido sino merced a un acto supralógico, que sería en el fondo otra forma del "sentimiento de la justicia" o su cristalización en una esfera lógica. Pero no siendo así, el sentimiento de la justicia permanece como en estado líquido, mezclándose en toda determinación y decisión particular, del mismo modo que el protoplasma indiferenciado se encuentra en mayor o menor cantidad en casi todas las células de los cuerpos animales organizados. Así, pues, todo sentimiento de la justicia, si posee determinación propia y continuidad, puede producir un derecho. El sentimiento femenino de la justicia podría producirlo, aunque no sería reconocido como "derecho" objetivo y válido porque estamos harto acostumbrados a identificar la objetividad con la masculinidad.

Si los contenidos de nuestra cultura no son neutros en realidad, sino que poseen un carácter masculino, ello es debido a una complicada compenetración de motivos históricos y psicológicos.

La cultura, que en último término es un estado de los sujetos, toma su camino por entre las objetivaciones del espíritu. Ahora bien, la esfera de lo objetivo se extiende y amplifica cada vez más con los progresos de los grandes períodos. Los individuos, empero, que han de recorrer por sí mismos de nuevo todas las etapas quedan rezagados con sus intereses, con su evolución, con su productividad individual. La cultura objetiva aparece así por último como la cultura en general. Su injerto en el sujeto deja de ser su sentido y fin propios para convertirse en asunto privado y personal, sin notoria importancia. La marcha acelerada de la evolución empuja las cosas más que a los hombres, y el "divorcio entre el trabajador y los medios de trabajo" aparece simplemente como un caso especial económico de la tendencia general a acentuar, en la eficacia y valor de la cultura, no el hombre, sino el desarrollo y la perfección de las realidades objetivas.

Esta "cosificación" de nuestra cultura –que no necesita ser demostrada– guarda estrecha relación con otro importantísimo rasgo suyo: el especialismo. El hombre que produce, no un todo, sino un trozo sin propio sentido, sin propio valor, no puede verter su persona en su obra, no puede contemplarse en su trabajo. Entre la integridad del producto y la integridad del productor existe un nexo constante, como cumplidamente se echa de ver en la obra artística, cuya unidad sustantiva exige un creador único y se rebela contra toda coordinación de labores especiales diferenciadas. En la producción especializada, el sujeto permanece como ajeno al trabajo. El resultado de su labor se incorpora a un conjunto impersonal, a cuyas exigencias objetivas ha de someterse. Este conjunto se contrapone, por decirlo así, a cada uno de los colaboradores, quienes no lo contemplan como cosa propia y reflejo de su personalidad. Si en nuestra cultura el elemento real no predominase sobre el elemento personal, sería irrealizable la moderna división del trabajo. Mas, por otra parte, si la división del trabajo no existiese, los contenidos de la cultura no hubieran adquirido ese carácter de marcada objetividad.

EL ALMA FEMENINA ES UNITARIA

Ahora bien, la historia toda demuestra que la división del trabajo conviene mucho mejor con la índole del hombre que con la de la mujer. Hoy aún, a pesar de que un gran número de tareas diferentes han quedado eliminadas de la unidad doméstica, la labor de regir el hogar resulta más múltiple, menos especializada que cualquier profesión masculina. Dijérase que el varón puede emplear sus energías en una sola dirección fija sin menoscabo de su personalidad. Y es porque considera esa actividad diferenciada, desde un punto de vista puramente objetivo, como algo se separado y distinto de su vida personal y privada; aun cuando se entregue a ella con la máxima intensidad posible. Mas precisamente, lo que le falta a la mujer es esa facultad tan masculina de mantener intacta la esencia personal a pesar de dedicarse a una producción especializada, que no implica la unidad del espíritu. El hombre lo consigue merced a la distancia de objetividad en que coloca su trabajo. Pero la mujer no puede lograrlo. Y no significa esto en ella un defecto, una carencia, sino que lo que aquí expresamos en forma negativa de falta es en ella la resultante de su positiva naturaleza. En efecto; si quisiéramos manifestar con un símbolo el carácter propio del alma femenina, podríamos decir que en la mujer la periferia está más estrechamente unida con el centro y las partes son más solidarias con el todo, que en la naturaleza masculina. Y así resulta que cada una de las actuaciones de la mujer pone en juego la personalidad total y no se separa del yo y sus centros sentimentales. En cambio, su trabajo en la región de la objetividad, haciendo así compatible el especialismo inánime con una existencia personal colmada de espíritu y vida (aunque no faltan casos en que esta última se marchita por culpa del primero).

El carácter unitario de la mujer; que nosotros expresamos con los conceptos negativos de indiferenciación, falta de objetividad, etc. –acaso porque el idioma y los conceptos están hechos esencialmente por y para los varones–, se marca en dos rasgos especiales y muy distantes uno de otro. Al tratarse de nombrar vigilantes femeninos para las prisiones, los jefes experimentados de los establecimientos penales han insistido mucho sobre la necesidad de colocar en esos puestos mujeres sumamente educadas. En efecto, el preso varón se somete generalmente de buen grado a su vigilante, aun cuando éste le sea inferior en cultura y educación. En cambio, las presas provocan casi siempre dificultades a la guardiana si se sienten superiores a ella en cultura. Esto significa que el hombre establece una distinción entre su personalidad total y la relación particular del momento, considerando ésta en su pura objetividad, sin mezcla de elementos extraños. La mujer, empero, no puede desligar de sí misma esa relación momentánea, no puede considerarla por modo impersonal; la siente, por el contrario, en la unidad indivisa de su ser unitario, y, por consiguiente, hace las comparaciones y saca las consecuencias que implica la relación de toda su personalidad con toda la personalidad de su guardiana.

Este modo de ser unitario de la mujer explica asimismo el segundo rasgo que queríamos citar. Es éste la gran susceptibilidad de las mujeres, que se sienten ofendidas más pronto y más fácilmente que los hombres. No porque los elementos y estructura de su alma sean más débiles o tiernos, sino porque la insuficiente diferenciación, la unidad compacta de la naturaleza femenina no le permite, por decirlo así, localizar un ataque. Y así resulta que la agresión a un punto determinado invade bien pronto toda la personalidad y, naturalmente, llega a herir otros puntos del alma muy sensibles y dolorosos. Si las mujeres se ofenden más pronto que los hombres en iguales circunstancias es, pues, porque muchas veces sienten en toda su persona un ataque que no iba propiamente dirigido sino a un punto singular. Son naturalezas más unitarias y cerradas que los hombres. En ellas, la parte no se separa del todo para llevar una vida, por decirlo así, independiente.

LA FIDELIDAD

Esta estructura fundamental del alma femenina encuentra su expresión histórica en el hecho de que la mujer haya permanecido ajena a la cultura objetiva especializada. Podemos, empero, compendiarla en un rasgo psicológico: la fidelidad. Fidelidad significa, en efecto, que el conjunto y unidad del alma permanece inseparablemente ligado a uno de sus contenidos. Todo el mundo conviene en que las mujeres son mucho más fieles que los hombres –comenzando por su adhesión inquebrantable a los viejos objetos propios o de personas queridas, a los "recuerdos" materiales o espirituales. La unidad indivisa de su naturaleza guarda cohesión con cuanto una vez estuvo en ella; de suerte que los valores y sentimientos que antaño envolvieron un objeto, se conservan para la mujer como adheridos a ese objeto. El hombre es menos piadoso que la mujer porque, merced a su alma diferenciada, considera las cosas más bien en su aspecto objetivo, sustantivo, separado. La facultad de escindirse en multitud de direcciones, de separar la periferia del centro, de arrancar intereses y ocupaciones a su nexo unitario, para hacerlos independientes –todo esto dispone a la infidelidad. Porque la evolución puede afincar ora en un interés, ora en otro; puede conducir a los hombres a las más varias formas; puede otorgar a todo presente la más completa libertad de decidirse por sí mismo y objetivamente. Con lo cual queda abierta para la actividad una muchedumbre de direcciones posibles, sin que ninguna esté de antemano prejuzgada. Esto, empero, es incompatible con la fidelidad. La diferenciación y la objetividad son, según la lógica de la psicología, los contrarios de la fidelidad. Porque la fidelidad, al fundir la persona, sin reservas y para siempre con un interés particular, con un sentimiento, con una emoción, impide que el yo retroceda y se distinga de sus propios acontecimientos. El divorcio entre cosa y persona tiene siempre algo de infidelidad. A él se resiste la naturaleza femenina, más fiel que la masculina. Y la consecuencia es que la mujer se halla interiormente apartada de una cultura productiva que el especialismo ha hecho objetiva y que el objetivismo ha hecho especializada.

LA PRODUCTIVIDAD FEMENINA

Si, pues, las mujeres fallan en la producción cultural, ello no significa un defecto dinámico, una falta de fuerza ante las exigencias humanas y universales. Significa tan sólo que la índole femenina –cuyos contenidos vitales existen por la energía de un indivisible centro subjetivo y permanecen siempre fundidos en el foco de la personalidad– es inadecuada para actuar en el mundo de puras cosas que la naturaleza diferencial del varón ha edificado. Sin duda, los hombres son más objetivos que las mujeres. Mas ¿por qué hemos de considerar evidentemente la objetividad varonil como lo más perfecto, y la vida indiferenciada, la indistinción del todo y las partes como lo más débil, lo "menos desarrollado"? Al pensar así cometemos un círculo vicioso, porque, para determinar el valor respectivo de la masculinidad y la feminidad, instituimos de antemano como juez la idea masculina del valor. Sólo hay un medio de evitar este círculo, y es mantener con gran consecuencia un dualismo radical, reconocer que la existencia femenina tiene otras bases, fluye por cauces radicalmente distintos que la masculina; construir dos tipos vitales, cada uno con su fórmula autónoma. Sólo así es posible disipar el ingenuo prejuicio que confunde los valores masculinos con los valores en general. Esta confusión se sustenta en poderes históricos que encuentran su expresión lógica en el fatal equívoco del concepto de la "objetividad". En efecto, objetividad significa por una parte la idea pura, neutral, la idea que se cierne sobre las parcialidades de los dos sexos. Pero, por otra parte, "objetivo" es también la forma peculiar que corresponde a la producción específica del varón. Lo primero es una idea abstracta, superhistórica, superpsicológica. Lo segundo es una forma histórica, un producto de la varonilidad diferencial. Y los criterios que emanan de lo segundo, comoquiera que se expresan con la misma palabra que lo primero, se apropian la idealidad abstracta de éste. Así resulta que aquellos seres que por su naturaleza no pueden actuar en la objetividad específica del varón aparecen como desestimados, disminuidos también desde el punto de vista de la objetividad superhistórica, absoluta y abstracta (que en nuestra cultura no realiza o realiza muy esporádicamente).

Existe, pues, una oposición efectiva entre la esencia general de la mujer y la forma general de nuestra cultura. Por eso, dentro de esta cultura, la producción femenina tropieza con tanto mayor número de obstáculos cuanto que las exigencias que se le plantean son más generales y formales. Y esto precisamente sucede en el caso de las creaciones originales. Cuando se trata de recibir y combinar contenidos ya hechos, es más fácil que se produzca una adaptación al carácter total de la esfera cultural. Pero cuando se trata de hacer surgir una creación espontánea del fondo personal propio, entonces ha de entrar en juego la facultad morfogenética y aplicarse a los elementos mismos. En el caso extremo, esta actividad creadora se encuentra ante un material absolutamente desnudo de toda forma, y el alma ha de franquear paso a paso, sin respiro, la distancia que separa lo informe de la creación ya informada. Estas reflexiones nos descubren el orden en que las actividades femeninas consiguen mejor adaptarse a la cultura objetiva, a la cultura masculina. En el arte, la esfera propia de la mujer está constituida por las artes reproductivas: arte dramático (más adelante hablaremos de otro aspecto de esta actividad), ejecución musical, el tipo sumamente característico de la bordadora, cuya habilidad y laboriosidad incomparables se aplican a la reproducción de un modelo "dado". En las ciencias, es notoria la facilidad con que las mujeres reúnen y coleccionan datos; y en esta clase de labor llegan a sus más altos rendimientos con la profesión de maestra, que les permite conservar su independencia funcional, transmitiendo una tradición ya formada. En suma: dentro de la cultura actual, la actividad femenina es tanto más eficaz cuanto que el objeto de su trabajo está más impregnado del espíritu de esta cultura, es decir, del espíritu masculino. En cambio, fracasa generalmente en la creación, es decir, cuando sus energías originales, que de antemano están dispuestas por modo diferente del masculino, tienen que verterse en las formas que exige la cultura objetiva, la cultura masculina.

EL TRABAJO FEMENINO

Ahora bien, esta cultura es masculina en dos sentidos. No sólo porque procede en forma objetiva y especializada, sino también porque las realizaciones de esa forma, las actividades particulares, los elementos productivos están coordinados en profesiones de la manera más conveniente y adecuada a las capacidades del hombre, al ritmo e intención masculinos. Así, pues, aun prescindiendo de la radical dificultad que para las mujeres representa la forma masculina, todavía quedaría este otro obstáculo: que si las mujeres quisieran ser científicos o técnicos, médicos o artistas al modo como lo son los hombres, esa misma voluntad significaría inadecuación, significaría renuncia a crear nuevas intensidades y cualidades de la cultura. Sin duda, el hecho se producirá con harta frecuencia y tendrá por resultado el aumento de la cultura subjetiva. Pero ya que ha de existir una cultura objetiva, y puesto que las mujeres se doblegan a su forma, entonces, para que la aportación femenina sirva a la creación de nuevos matices y amplificaciones, es preciso que las mujeres realicen justamente lo que los hombres no pueden realizar. Este es el núcleo del problema, el gozne sobre el que gira toda la relación entre el movimiento feminista y la cultura objetiva.

En ciertas esferas de la actividad existen unidades de trabajo que se consideran actualmente como objetivas, cuando, en realidad, no son más que síntesis de funciones parciales, pero estas síntesis resultan adecuadas al modo de trabajar de los hombres. Ahora bien, una división de dichas unidades sintéticas puede crear ramas de actividad específicamente femeninas. Los trabajadores ingleses han introducido este principio en un sector pequeño y material. Las mujeres, aprovechándose de que viven en condiciones de mayor baratura que los hombres, han empezado a suplantarlos y han provocado así una rebaja de salarios. Las sociedades obreras combaten por eso enérgicamente el trabajo femenino. Pero algunos sindicatos, por ejemplo, los tejedores de algodón y géneros de punto, han encontrado una solución que consiste en una tabla de salarios para todas las funciones parciales, aun las más menudas, del trabajo en la fábrica. Estos salarios son pagados por igual a quien desempeña la función, ya sea un hombre, ya una mujer. Este arreglo, inventado propiamente para evitar la competencia entre hombres y mujeres, ha tenido por resultado imprevisto una división del trabajo en la cual las mujeres han monopolizado, por decirlo así, las funciones más adecuadas a sus fuerzas y destreza, dejando a los hombres las más convenientes a la índole masculina. El más autorizado conocedor de la vida de los trabajadores ingleses dice lo siguiente: "Por cuanto se refiere al trabajo manual, las mujeres constituyen una clase especial de trabajadores, con distintas capacidades y necesidades que los hombres. Para mantener a los dos sexos en el mismo estado de salud y de productividad, es muchas veces necesario diferenciar las tareas." El gran problema del trabajo femenino en la cultura recibe aquí una solución, por decirlo así, ingenua. La nueva línea queda trazada por el complejo de tareas que reúne en profesiones especiales los diferentes puntos predestinados para las facultades específicas de la mujer. Aquí ya puede decirse que las mujeres hacen lo que los hombres no pueden hacer. Pues aunque éstos lo han hecho hasta ahora, es claro que las tareas adecuadas a las fuerzas femeninas quedan mejor cumplidas por el trabajo específico de las mujeres.

LA MUJER MÉDICO

Dejemos esta posibilidad, que aun para el conocimiento sólo en la práctica podría manifestarse, y consideremos otra: la de que una producción específicamente femenina y al mismo tiempo original venga a llenar los huecos que dejan las creaciones masculinas. Aun en la esfera científica hemos de limitarnos aquí a algunas observaciones esporádicas. Primero, en la medicina, No se trata del valor –sin duda muy considerable– práctico y social de las mujeres médicos, que son en esto tan capaces como los hombres. Se trata de saber si podemos abrigar la esperanza de que la mujer aumente con cualidades nuevas el caudal de la cultura médica en aquellos puntos en que resultan insuficientes los hombres. A mí juicio, es ello posible. Y la razón es que tanto el diagnóstico como el tratamiento dependen en no escasa medida de que el médico posea la facultad simpática de sentir en cierto modo dentro de sí mismo el estado del paciente. Los métodos objetivos de la investigación clínica llegan a veces a resultados prematuros si no les acompaña una especie de conocimiento subjetivo –que puede ser inmediato e instintivo o adquirido por manifestaciones externas– del estado y sentimientos del enfermo. Considero este conocimiento complementario como eficacísimo supuesto o disposición para el arte médico, si bien por su carácter espontáneo y evidente no suelen los médicos darse cuenta de él; y ésta es la razón por la cual no han sido estudiadas todavía sus gradaciones, sus variadas condiciones y consecuencias. Ahora bien, entre esas condiciones, que han de darse en mayor o menor grado y cuya abundancia decide de la mayor o menor inteligencia médica, está una cierta analogía constitucional entre el médico y el enfermo. En esto se basa sin duda alguna el hecho oscuro, pero no por eso menos cierto y eficaz, de que el médico reproduce interiormente en cierto modo el estado del paciente. Y tanto mejor cuanto es más afín a la constitución del enfermo. En este sentido, un experimentado especialista en enfermedades nerviosas ha dicho que para conocer bien ciertos trastornos nerviosos es preciso haber sentido algo análogo en uno mismo. Se impone, pues, la consecuencia de que las mujeres médicos, tratándose de enfermos del sexo femenino, no sólo han de hacer un diagnóstico más exacto, no sólo han de sentir más delicadamente la eficacia posible del tratamiento, sino que pueden descubrir nexos y relaciones científicas puras, contribuyendo así, por modo nuevo y original, al aumento de la cultura objetiva, porque la mujer encuentra en su constitución similar un instrumento de conocimiento que el hombre no tiene. Y me inclino a creer que la mayor libertad con que las mujeres comunican sus sensaciones a la mujer médico no proviene sólo de ciertos motivos fáciles de imaginar, sino también de que se sienten mejor comprendidas en muchos puntos por otra mujer que por un hombre. Y este hecho se verifica principalmente en las mujeres de las clases inferiores, las cuales, como disponen de imperfectos medios de expresión, confían en una especie de compenetración instintiva. Aquí, pues, las mujeres podrían quizá, merced a su sexo, producir, en puro sentido teórico, resultados que escapan a los hombres.

LA MUJER HISTORIADOR

Si es cierto el principio de que una disposición subjetiva distinta produce un conocimiento distinto, el alma femenina podría también crear productos específicos en la ciencia de la historia. La crítica del conocimiento ha demostrado la falsedad y superficialidad de ese realismo que considera la ciencia histórica como una reproducción –lo más fiel, lo más fotográfica posible– de los acontecimientos "tal como realmente fueron". La historia no es una traslación de la realidad inmediata a la conciencia científica. Sabemos hoy que el acontecer no es conocido como tal, sino más bien vivido, y que la historia se constituye merced a la actividad de ciertas funciones, determinadas por la estructura e intenciones del espíritu que conoce. La historia –resultado de esa actividad– conserva el carácter determinado de dichas funciones. No por eso hemos de considerar la historia como algo "subjetivo", como algo ajeno a la distinción entre verdad y error. La verdad no es la reproducción de los acontecimientos en el espejo del espíritu. La verdad consiste en cierta relación funcional entre el espíritu y los acontecimientos, de manera que las representaciones, siguiendo sus propias necesidades, obedecen al mismo tiempo a una exigencia de las cosas –exigencia que, sea cual fuere, no consiste desde luego en ser fotografiados por las representaciones.

Me refiero aquí tan sólo a uno de los problemas en donde se manifiesta ese carácter de la visión histórica, que depende, inevitablemente, de la estructura espiritual del historiador y de las peculiaridades de esa estructura. Si el conocimiento histórico se limitase a lo que, en estricto sentido, hemos comprobado, tendríamos un montón de fragmentos inconexos. Para formar con ellos las series uniformes de "la historia", necesitamos de continuo interpolar, completar por analogía, ordenar según conceptos de evolución. De otra suerte, no podemos describir ni siquiera el tráfico de una calle que hemos visto con nuestros propios ojos. Mas por debajo de esta capa en donde hasta las series de los hechos inmediatos reciben por espontaneidad espiritual sus nexos y significaciones, hay otra, que es la que propiamente informa la historia. Y en ella esa espontaneidad es decisiva. Suponed que conociéramos íntegramente todos los acontecimientos que pueden comprobarse por los sentidos en el mundo humano. Pues todo eso que sabríamos por la vista, el tacto o el oído sería tan indiferente, tan insignificante como el paso de las nubes por el cielo o el rumor del viento en la enramada, si no le diésemos interpretación psicológica, es decir, si tras ese suceder externo no pusiéramos un pensamiento, un sentimiento, una voluntad, que nunca podemos establecer inmediatamente, pero que sospechamos, inferimos, introducimos en los hechos merced a nuestra fantasía sensitiva.

Esta construcción de la historia mediante nuestra imaginación, que reproduce por dentro lo eternamente inaccesible a la experiencia –pues lo exterior no tiene sentido histórico sino como manifestación de las almas, como consecuencia o causa de los procesos psíquicos–, no suele ser advertido claramente; porque la vida diaria transcurre también en continuas suposiciones sobre el valor psíquico de las manifestaciones humanas, que sabemos interpretar en la práctica con gran seguridad y plena evidencia.

Ahora bien, esta interpretación psicológica que lleva a cabo el historiador supone una relación peculiar de igualdad y de desigualdad entre el sujeto y sus objetos. Tiene primero que haber entre ellos cierta igualdad fundamental. En efecto, un habitante del globo terráqueo quizás no "comprendería" al habitante de otra estrella, aun cuando conociera puntualmente toda su actitud y conducta exterior. En general, comprendemos a nuestros compatriotas mejor que a los extranjeros, a nuestros familiares mejor que a los extraños, a los hombres de temperamento similar al nuestro mejor que a los de temperamento contrario. Sí comprender es como reproducir un proceso psíquico que no podemos percibir directamente, resultará que comprendemos a un espíritu tanto mejor cuanto más nos semejamos a él. Sin embargo, no ha de haber en esto el paralelismo de una reproducción mecánica. No hace falta ser un César para comprender a César, ni un San Agustín para comprender a San Agustín. Es más: algo de diferencia introduce muchas veces una distancia o lejanía más favorable para el conocimiento psicológico del otro que la identidad de tipo psíquico.

La inteligencia psicológica –y, por tanto, también la histórica– se determina visiblemente por una relación muy variable entre su sujeto y su objeto. Esta relación no ha sido aún analizada, pero de seguro no cabe definirla con la expresión abstracta de una simple mezcla cuantitativa de igualdad y desigualdad. Pero de cuanto llevamos dicho, una conclusión parece desprenderse: que dentro de cierto margen, envuelto, sin duda, en construcciones fantásticas y frágiles, una misma imagen externa produce en almas diferentes imágenes internas diferentes, esto es, imágenes que insinúan en lo externo una interpretación psicológica; y todas estas imágenes internas son por igual valederas. No se trata de hipótesis distintas sobre uno y el mismo objeto real; no se trata de explicaciones, una de las cuales tan sólo puede ser la exacta (aun cuando también esto sucede con harta frecuencia). Esas imágenes internas guardan entre sí la misma relación que los diferentes retratos de un mismo modelo por pintores distintos, pero todos igualmente cualificados. Ninguno de esos retratos es "el exacto" cada uno constituye un conjunto cerrado, que se justifica en si mismo y por su peculiar relación con el modelo; cada uno manifiesta del modelo algo que no dicen, pero que tampoco desmienten, los demás.

La interpretación psicológica qué las mujeres hacen de los hombres es en muchos puntos radicalmente distinta de la que hacen de las mujeres mismas, e inversamente. Goethe, en una ocasión, manifiesta –contradiciéndose, al parecer– que su idea de las mujeres le era, sin duda, innata, y que, por eso mismo, sus tipos femeninos resultaban mejores que la realidad. Propiamente, no cabe suponer (y Goethe sería el último en hacerlo) que las ideas innatas sean mentirosas. Sin embargo, en esa expresión paradójica se revela efectivamente el sentimiento de que la concepción profunda de las almas ajenas depende del alma propia del sujeto que las concibe. Existe además una experiencia general, impersonal, sobre los hombres. Y esta experiencia no necesita coincidir siempre con aquella otra que nace de nuestro ser profundo y penetra en los demás.

De las razones indicadas, me parece que podemos concluir que, siendo la historia en cierto sentido una psicología aplicada, la índole femenina puede constituir la base de producciones muy originales en la investigación histórica. La mujer, por serlo, contiene en su alma una mezcla de igualdad y desigualdad con el objeto histórico en proporciones distintas de las del hombre, por lo cual ha de ver distintas cosas que el hombre. Pero, además –y sobre todo–, ha de ver las mismas cosas de distinta manera, precisamente por ser distinta su peculiar estructura psicológica. Así como para la naturaleza de la mujer la existencia en general aparece con otro cariz que para el varón, sin que estas dos interpretaciones sucumban a la simple alternativa de verdad o falsedad, así también el mundo histórico, reflejado en el alma femenina, ha de ofrecer distinto aspecto en sus partes como en su conjunto. Estas posibilidades podrán parecer muy problemáticas y su importancia podrá, por de pronto, quedar limitada a una cuestión de principio. Pero, en mi opinión, caben en la ciencia histórica funciones específicamente femeninas, productos basados en la especial constitución de los órganos perceptores, sentimentales y constructivos de la mujer, desde la más fina inteligencia de los movimientos populares hasta la intuición aguda de las motivaciones inconfesadas, e incluso la simple interpretación de las inscripciones.

La mujer escritora

Donde más admisible ha de parecer la actuación femenina en pro de la cultura es, sin duda, en la esfera del arte. Ya se advierten indicios de ella. Existen ya en la literatura una serie de mujeres que no tienen la ambición servil de escribir "como un hombre", que no delatan, por el uso de pseudónimos masculinos, el desconocimiento total de las originalidades propias y específicas de su sexo. Sin duda, es muy difícil, aun en la cultura literaria, dar expresión a los matices femeninos, porque las formas generales de la poesía son creaciones del varón, y como, por ahora al menos, las formas poéticas específicamente femeninas, aunque posibles, quedan aún recluidas en las regiones de Utopía, subsiste una leve contradicción con el propósito de llenar las formas masculinas en un contenido femenino. En la lírica femenina, y justamente en sus más logradas producciones, percibo muchas veces un cierto dualismo entre el contenido personal y la forma artística, como sí el alma creadora y la expresión no tuviesen el mismo estilo. La vida íntima de la mujer tiende a objetivarse en figuras estéticas; pero, por una parte, no logra llenar los contornos de estas figuras, de manera que, para dar satisfacción a las exigencias formales, se ve precisada a echar mano de cierta trivialidad y convencionalismo, y por otra parte siempre queda dentro un resto de sentimiento vivo que permanece informe e inexpreso.

Quizá en esto tenga aplicación lo que se dice de que "la poesía es traición". Porque parece que las dos necesidades humanas, la de descubrirse y la de encubrirse, se hallan mezcladas en el alma femenina con distinta proporción que en la masculina. Ahora bien, las formas tradicionales internas de la lírica –el vocabulario, la esfera sentimental en que se mantiene, la relación entre el sentimiento y el símbolo expresivo– suponen un módulo general de la expresión psíquica cuyo carácter es netamente masculino.

Y si el alma femenina, de temple harto diferente, quiere expresarse en las mismas formas, ha de resultar de aquí, por una parte, cierto desabrimiento (que, sin duda, se encuentra también en muchos líricos masculinos, sin que por eso deba prescindirse de nexo tan general), y, por otra parte, la chocante impudicia que en algunas poetisas modernas brota como espontánea de la discrepancia entre su ser y el estilo tradicional del lirismo, y en otras revela una gran desviación interna de la índole femenina. De todos modos, las publicaciones de estos últimos años me parecen preludiar, aunque con leve vuelo, la formación de un estilo lírico específicamente femenino.

Por lo demás, es interesante advertir que en la esfera de la canción popular hay muchos pueblos en donde las mujeres producen con la misma fecundidad y originalidad que los hombres. Esto significa que en una cultura aún no desarrollada, cuando todavía no existe una plena objetivación del espíritu, no hay ocasión para que se manifiesten las discrepancias de que tratamos. Si las formas de la cultura no han recibido todavía un sello fijo y especial, no pueden tener tampoco carácter masculino predominante; y entonces las energías femeninas, hallándose aún en estado de indiferenciación (que corresponde a la mayor igualdad física de los sexos, observada por los antropólogos en los pueblos primitivos), no necesitan exteriorizarse en formas inadecuadas, sino que se plasman libremente siguiendo sus propias normas, que, en tales casos, no están aún, como hoy, diferenciadas de las masculinas.

Aquí, como en muchos otros procesos evolutivos, el estadio superior repite la forma del estadio inferior. La producción más sublime de la cultura espiritual, la matemática, es acaso también la que más lejos se halla de la diferencia entre hombre y mujer. Los objetos de la matemática no dan la menor ocasión a que el intelecto reaccione de modo distinto en el hombre que en la mujer. Así se explica que sea precisamente en la matemática más que en otras ciencias donde las mujeres han mostrado honda penetración y han realizado notables trabajos. La abstracción de la matemática se halla, por decirlo así, tras la diferencia psicológica entre los sexos, como la esfera del canto popular se halla antes de ella.

La creación novelesca parece ofrecer a las mujeres menos dificultades que los demás géneros literarios, porque su problema y su estructura artística no están aún fijados en formas rígidas y rigurosas. Los contornos de la novela no son fijos; sus hilos se entrecruzan sin reanudarse en una unidad cerrada; muchos van a perderse, por decirlo así, fuera de sus límites, en lo indeterminado. Su realismo inevitable no le permite sustraerse al caos de la realidad y organizarse en estructuras rítmicas, regulares, como la lírica y el drama. En estos últimos géneros literarios, la rigidez de la forma es como una condición previa de masculinidad. En cambio, la laxitud, la flexibilidad de la novela deja campo abierto a la labor propiamente femenina. Por eso, el instinto ha empujado hacia la novela a las mujeres de temple literario, que han visto en este género su esfera propia y peculiar. La forma novelesca, por lo mismo que en sentido riguroso no es "forma", resulta suficientemente maleable. Y así hay algunas novelas modernas que pueden contar entre las creaciones específicas del sexo femenino.

LA MUJER Y LAS ARTES DEL ESPACIO

En las artes de la intuición es quizá donde, por razón de principio, se puede marcar mejor la índole de la mujer en obras característicamente femeninas. En efecto, estas artes no están atenidas a una tradición verbal fija. No cabe duda de que las artes plásticas dependen en gran medida de las condiciones psíquicas y físicas, de la forma en que los movimientos del alma se traducen en movimientos del cuerpo, de las sensaciones que acompañan a la inervación, del ritmo que siguen la mirada y el tacto. Ahora bien, la vida interior de las mujeres se hace visible de un modo en cierto sentido más inmediato y por otra parte más reservado; su manera de moverse es asimismo muy peculiar y viene determinada por condiciones anatómicas y fisiológicas; el "tempo" especial, la amplitud y la forma de los gestos femeninos dan lugar igualmente a una peculiar relación de la mujer con el espacio. Todo esto nos autoriza a esperar que la mujer, en las artes del espacio, llegue a dar una interpretación propia, una configuración característica a las cosas que ve en torno. Si, para el conocimiento teórico, es exacto decir que el espacio reside en el alma, en cambio, el gesto nos demuestra que el alma reside en el espacio. Los ademanes no son simples movimientos del cuerpo, sino expresiones del alma. Por eso representan uno de los principales puentes y condiciones del arte, cuya esencia requiere que la parte o aspecto intuitivo sea el sustento y revelación del alma, del espíritu, aunque no siempre en el sentido de la psicología. Por medio de los ademanes, el hombre toma, por decirlo así, posesión espiritual de una porción del espacio. Si no realizáramos movimientos en el espacio, nuestra inteligencia del espacio sería muy distinta de lo que es o acaso nula. La índole de esos movimientos determina la índole de esa inteligencia. Claro está que el artista no traslada mecánicamente sus ademanes al cuadro; pero, merced a innumerables transposiciones y tránsitos, su modo de moverse en el espacio determina su interpretación intuitiva de las cosas.

Esto se ve claramente en ese carácter caligráfico que tanta importancia tiene para la pintura del Asia oriental. Aquí la pincelada representa inmediatamente el movimiento fisiológico de la mano, y su encanto reside justamente en la sensación de ligereza, ritmo y naturalidad que evoca en nosotros la contemplación óptica. Los gestos peculiares de las mujeres revelan en cierta forma exterior la peculiaridad del alma femenina. Por eso el ritmo interno de la mujer se ha objetivado siempre en la danza, cuyas formas tradicionales dejan amplio margen: para la impulsividad individual, para la gracia y singularidad de los movimientos. Estoy seguro de que si los movimientos de las verdaderas artistas de la danza quedasen fijados en líneas ornamentales, estas líneas representarían un conjunto de formas que ningún hombre podría producir –no siendo en imitación consciente.

Por ahora, y hasta que la psicofísica y la estética no estén mucho más adelantadas, sólo conjeturalmente y sin pruebas puede decirse que la mujer mantiene con el espacio una relación distinta que el hombre. Esta relación se deriva no solamente de la índole física y psíquica peculiar a la mujer, sino también de la limitación histórica en que la mujer viene viviendo, reducida la esfera de su actividad a la labor doméstica. Los gestos de una persona dependen de los ambientes en que suele moverse. Comparad los gestos que se ven en los cuadros alemanes del siglo XV con los que aparecen en los italianos de la misma época, y comparad luego las casas patricias de Nuremberga con los palacios italianos. Esa como timidez, ese recogimiento, esa actitud cohibida –los vestidos parecen haber estado mucho tiempo colgados en el armario con los mismos pliegues–, es propia de hombres acostumbrados a moverse en espacios reducidos.

Los movimientos femeninos quedan, por decirlo así, contenidos entre "cuatro paredes". Las consecuencias de esta reclusión no me parece que puedan explicarse por la estrechez del medio, sino más bien por la continua uniformidad de la estancia en un lugar habitado. El hombre desarrolla su actividad "fuera de casa". El hombre se mueve en espacios cambiantes, que la mirada no abarca ni domina fácilmente. Por eso precisamente se diferencia su porte del de la mujer.

Hay en la mujer algo concluso, encerrado en sí, algo que resbala sin tropiezos, un equilibrio de paz y armonía que constituye la específica gracia femenina y que puede explicarse por la constante vida en espacios donde, por decirlo así, no hay ya nada que conquistar, espacios que se han convertido como en una prolongación corpórea de la propia personalidad. Por eso no hay aquí significación estética ninguna, sino sólo la manifestación de una manera especial de sentir el espacio, una relación peculiar entre la intimidad sin espacio y la exterioridad intuitiva del movimiento.

Repitámoslo: aunque no es posible dar una prueba de ello, sin embargo, parece verosímil que, en las artes en donde la forma del espacio es esencial, la feminidad encuentre módulos propios y típicos. La relación específica de la mujer con el espacio se revela en el carácter sui generis de la gesticulación femenina, y puede muy bien objetivarse en obras radicalmente femeninas. No de otro modo se reflejan en los estilos artísticos las maneras diferentes de percibir el espacio por los distintos tipos humanos: asiático-oriental, griego, renacimiento, etc.

LA MUJER Y EL ARTE TEATRAL

Pero donde lo específico de la productividad femenina se manifiesta abierta y claramente es en el arte del teatro. Y no sólo porque la mujer tiene su papel asignado en el conjunto dramático, sino por razones que arraigan en la esencia misma del arte teatral.

No hay otro arte, en efecto, en donde la labor a realizar se compenetre y una más estrechamente con la personalidad total del artista. La pintura, la poesía, la música, tienen, sin duda, su fundamento en la integridad espiritual y corpórea del hombre, pero canalizan las energías en direcciones uniformes que permanecen en parte ocultas, para desembocar al fin en el producto artístico. La danza misma es en cierta manera parcial, puesto que elimina la palabra hablada. La ejecución musical igualmente es un producto en donde la impresión visual de la persona pierde toda o gran parte de su importancia. Esto se expresa, en el transcurso del tiempo, por la separación y distinción entre el momento actual creador y la vida propia que el producto creado lleva posteriormente. En cambio, en el teatro no hay intervalo posible entre el proceso y el resultado de la creación. Aquí el aspecto objetivo y el aspecto subjetivo coinciden absolutamente en un mismo instante vital. La actividad del comediante constituye, pues, la forma típica de esa integral inmersión de la personalidad toda en la obra o fenómeno artístico,

Ahora bien, si hay en efecto una fórmula que defina el ser femenino, es claro que dicha fórmula coincidirá perfectamente con esta esencia del arte teatral. Porque –y permítaseme repetir lo ya enunciado– las innumerables observaciones sobre la diferencia entre la mujer y el hombre pueden condensarse en las siguiente afirmaciones: para la mujer, el yo y su actuación, el centro y la periferia, se funden y confunden en mayor grado que para el hombre; la mujer –cuando su espontaneidad no está cohibida por consideraciones morales o utilitarias– vierte sus procesos íntimos en la exterioridad más inmediatamente que el hombre; lo que explica esa mayor cohesión entre el cuerpo y el alma femeninas que hace que las alteraciones del alma se traduzcan en alteraciones del cuerpo más fácilmente en la mujer que en el hombre. Esta es la razón profunda –más adelante volveremos a ocuparnos de ella– por la cual las mujeres suelen fallar en las creaciones de la cultura objetiva. La mujer no prolonga su actividad allende la actividad misma, para alcanzar un objeto situado fuera. El torrente de la vitalidad femenina desemboca, por decirlo así, en el mismo manantial de que se alimenta.

Esta índole típica de la mujer, fácilmente puede aparecer como un defecto. Pero sería erróneo interpretarla así, porque, en realidad, constituye una esencia positiva y propia, contrapuesta a la del hombre como un polo a otro polo. Y, precisamente, ese modo de ser constituye la estructura íntima del arte dramático. Aquí, el artista dispone sólo de un instante; no le es posible separar y distanciar lo interno de lo externo, el impulso central de la manifestación perceptible. Aquí, el resultado de la actividad no puede objetivarse como cosa permanente y distinta de la actividad misma. Esa estrechísima conexión entre todas las partes de la feminidad que hace de la mujer no un ser subjetivo, como suele decirse, sino un ser para quien no existe propiamente la distinción entre objetivo y subjetivo, esa conexión es la que caracteriza la idea estética del arte teatral, idea superior también a toda subjetividad. En el arte dramático, la vida interior se hace por sí misma visible y perceptible, sin necesidad de un hiato o intervalo de tiempo, espacio y realidad entre ella y su concreción objetiva. Sin duda, no se debe a la mera casualidad el hecho de que los pueblos románicos, a quienes un instinto difícil de definir viene atribuyendo de tiempo inmemorial cierto carácter femenino, sean los pueblos más sobresalientes en el arte del comediante.

Pero el arte dramático contiene además una textura de elementos primarios que, en otro sentido muy fundamental, lo emparenta asimismo con la naturaleza femenina. El poema dramático representa la continuidad de unos destinos que se desarrollan y mueven sin interrupción, empujados por su lógica interna. Ahora bien, el actor, al plasmar en formas perceptibles esos destinos, no se limita a transvasar las palabras del poeta en la natural concreción de su propia persona, sino que crea también por su parte una obra artística, con propias normas directivas. Al hacerlo, empero, el actor actúa sobre la fluencia continua y, por decirlo así, interna del acontecer dramático, dividiéndola en una serie de imágenes o cuadros, más o menos estáticos e inmóviles, construidos según cierta ley de belleza. En un sentido puede decirse que aquí las categorías del reposo y del movimiento, del ser y de la transformación, reciben una armonía típica. La eterna fluencia del destino queda como presa en la quietud intemporal de la belleza, no sólo en el conjunto del cuadro escénico, sino en la forma y aspecto de cada intérprete. Ahora bien, esa armonía puede ser de uno u otro temple; puede acentuar el aspecto dinámico, esto es, el fluir del destino y la actividad, o, por el contrario, el aspecto estático, esto es, las secciones verticales, las imágenes plásticas singulares por entre las cuales fluye ese destino. Y cuanto más se orienta el arte dramático hacia este segundo tipo de realización, tanto mejor concuerda con la índole femenina, tanto mejor cumple con la exigencia primordial de que la mujer realice lo que el hombre no puede llevar a cabo. Por eso, uno de nuestros mejores conocedores del teatro ha dicho que cuando las mujeres hacen papeles realmente activos, papeles que ponen en movimiento el destino, tienen siempre algo de masculinidad en sus rasgos exteriores.

EL "BELLO SEXO"

Es llegado el momento de tratar una cuestión que, en apariencia, nos desvía de nuestro tema, pero que, en realidad, guarda una estrecha relación con la profunda importancia cultural de la mujer. Me refiero al problema de la "belleza". La trivialidad que llama a las mujeres el "bello sexo" contiene, a pesar de su vulgaridad, una importante sugestión. Si en efecto existe una polaridad de valores esenciales entre la índole masculina, que representa la relación dinámica y morfogenética con objetos exteriores, reales o ideales, y la índole femenina, que representa la perfección de la existencia encerrada en sí misma, de la existencia templada en propia e íntima armonía, entonces cabe designar el primero de estos valores con la palabra "significación", y el segundo con la palabra "belleza". Lo significativo significa "algo". La significación es, desde luego, una realidad; pero es una realidad transitiva, una realidad que, en forma de producción, ganancia, conocimiento, eficiencia, perfora el propio dintorno y, por autónoma que sea, adquiere todo su valor en la relación. Reduzcamos a una expresión abstracta los innumerables ideales que históricamente aparecen como ideales "masculinos", prescindiendo, por lo tanto, del elemento ético universal humano. Dicha expresión sería entonces la siguiente: que el varón debe ser "significativo", eliminando –claro está– de esta palabra todas las desviaciones accidentales del idioma. Compendiemos empero, correlativamente, los ideales históricos de la mujer en el enunciado: la mujer debe ser "bella". Habremos entonces de dar a esta exigencia un sentido amplio y abstracto que, naturalmente, excluye toda localización, toda singularización de la belleza, por ejemplo, la del rostro. Decir que una anciana arrugada y caduca es, sin embargo, "bella", no contradice, no violenta el concepto en modo alguno. Porque, en su sentido pleno, significa la inclusión del ser en sí mismo; significa esa perfección que ha conferido a la obra de arte –la más cerrada creación del hombre– su referencia y participación con la belleza, por modo a veces erróneamente interpretado; significa la unidad del interior con el exterior, simbolizada en variadísimas maneras; significa la capacidad de reposar en sí misma, de bastarse a sí misma, pese a los sacrificios y las entregas. El hombre se evade de sí y lanza su energía en su obra; por eso "significa" algo, que en algún sentido reside fuera de él, en sentido dinámico o en sentido ideal, como creación o como representación. En cambio, la esencia ideal de la mujer consiste en esa reclusión dentro de la periferia imperforable, en esa cerrazón orgánica, armonía de los elementos esenciales, uniforme referencia de las partes al centro. Pero tal es justamente la fórmula de la belleza. En el simbolismo de los conceptos metafísicos, diríamos que la mujer es, mientras que el hombre va siendo. Por eso, el hombre necesita conquistar su significación en cosas o ideas, en el mundo de la historia o en el mundo del conocimiento, mientras que la mujer descansa en su belleza, sumida en la bienaventuranza de sí misma.

Esta relación entre el principio de la feminidad y el principio de la belleza –considerando este último no como un valor, sino simplemente como una forma de existencia– se manifiesta desde luego también en la figura corpórea. No me convencen los motivos que aduce Schopenhauer para declarar más bello el cuerpo del hombre que el de la mujer. En realidad, el hombre es, igualmente, más significativo que bello. El enérgico modelado de los músculos útiles para el trabajo, el visible finalismo de la estructura anatómica, la expresión de la fuerza unida a la angulosidad, por decirlo así, agresiva de las formas –todo esto expresa, más que belleza, significación, es decir, la posibilidad de trascender al exterior, de entrar en eficaz contacto con las cosas de fuera. En cambio, el "finalismo" del cuerpo femenino no es apropiado a semejante actividad, sino más bien al desenvolvimiento de funciones pasivas o, mejor dicho, de funciones que transcurren allende la distinción entre actividad y pasividad. La falta de barba, la fluencia de las líneas no interrumpidas por el órgano sexual, las redondeces uniformes del cuerpo –todo esto acerca la mujer más al ideal estilístico de la "belleza" que al ideal activo de la "significación". Las formas curvas aluden más a la belleza que las formas esquinadas, porque se desenvuelven en torno a un centro, y de esta suerte nos presentan una imagen concreta de la cerrazón en sí, que es la expresión simbólica de la naturaleza femenina. Y así vemos que la cualidad de belleza es más inmediata en la mujer que en el hombre –aunque sólo en el sentido de una mayor disposición natural para la belleza.

Por lo que se refiere al alma, no puede decirse, claro está, que las mujeres sean todas "almas bellas"; pero, sin embargo, encierran en su estructura psíquica cierta tendencia a esa forma armónica y sin conflictos, a esa constitución que resuelve como espontáneamente las contradicciones de la vida masculina, a esa manera de ser que incluye en su realidad la idea. De donde resulta que, en la experiencia, casi sólo en las mujeres se encuentra. Pues bien; así como la obra de arte tiene el encanto de juntar en unidad evidente series de valores que la realidad empírica nos presenta independientes e inconexos, siendo esta capacidad sintética acaso su nota más profunda y esencial, así también el actor adhiere el acontecer dramático a la belleza concreta –dos series en sí, mismas indiferentes una a otra–, formando así una unidad artística. No hay otro arte –si prescindimos de la danza, arte afín al del teatro–, no hay otro arte en que tan inmediatamente exija belleza la actuación personal (no el resultado de la actuación), ya sea la estatua del momento, ya la fluencia de los ademanes. Porque, cuando a la continuidad del acontecer y del movimiento se añade la quietud de la belleza plástica, entonces surge el fenómeno específico de la "gracia". Pero el actor transporta esa exigencia más bien en la esfera del valor "significativo", mientras que la actriz –independientemente del grado en que 'su persona cumpla dicha exigencia– está ya predispuesta, por la fórmula de la feminidad, a realizar espontánea la síntesis del arte teatral; le basta con dar entrada en su naturaleza de mujer al contenido todo de la acción dramática.

LA "CASA"

Aquí podemos dar por terminado el examen de las posibilidades que se ofrecen a la mujer para realizar, en las esferas generales de la cultura, creaciones inaccesibles al hombre, o, dicho de otro modo, para aumentar la cultura objetiva con productos típicamente femeninos. Ahora dirigiremos nuestra atención a las dos formas de productividad femenina que son o pasan por ser creadoras de cultura en gran escala: la casa y la influencia de las mujeres sobre los hombres.

Aun los que han concedido a la "casa", al hogar, las máximas valoraciones, suelen referirse en su estimación a los resultados y ventajas que de la casa se derivan, pero no consideran ésta como una categoría de la vida en general. Ahora bien, hay toda una serie de importantísimas formas cultas que responden al siguiente característico esquema: desde un punto de vista, son una parte de la vida universal, parte coordinada a otras partes, que a su vez constituyen esferas bien circunscritas por su forma esencial, y en relación mutua entretejen la totalidad de nuestra vida individual, social, espiritual; desde otro punto de vista, empero, cada una de ellas figura todo un mundo, es decir, una forma en donde los contenidos vitales todos tienen entrada y son ordenados, tratados y vividos según una ley particular. La estructura de nuestra existencia aparece en el primer aspecto como una suma de contenidos varios que se entrecruzan, que se moldean unos en otros; pero en el segundo aspecto aparece como una suma de mundos, todos los cuales abarcan el mismo contenido vital, aunque cada uno con su forma específica, representativa de una totalidad. Así la religión, el arte, la moral, el conocimiento. Cada uno de éstos constituye una parte de la vida, y sus cambiantes combinaciones, donde unas veces es tal actividad la principal, otras la accesoria, forman juntas la unidad de toda la existencia individual y pública. Pero cada una de ellas es también, en otro sentido, un mundo entero; o, dicho de otro modo, todo cuanto sentimos y experimentamos puede ser vivido por nosotros bajo la especie de su significación religiosa; la totalidad de las cosas se acomoda, en principio, a las posibilidades de la forma artística; todo cuanto el universo nos ofrece puede ser objeto de una actitud ético-práctica; todo cuanto en general aparece a la conciencia constituye problema del conocimiento.

La realización empírica de estos mundos, cada uno de los cuales recibe su forma de una ley plástica a priori, es, naturalmente, harto fragmentaria. La actuación de esta ley es siempre limitada por la situación histórica dada, la recepción de los contenidos está restringida por la fuerza y la duración de las vidas individuales. Pero, en principio, hay tantas totalidades como formas de esa clase, y en cada una de ellas deben penetrar los contenidos para poder ser vividos, pues de lo contrario quedarían fuera de toda concreción vital, como ideas abstractas.

Hay también ciertas figuras de vida que, aunque más concretas, actúan –en ciertas condiciones– a la manera de esas formas totales. Así, por ejemplo, el Estado. El Estado, por una parte, constituye un elemento entre otros pertenecientes a distintos círculos de mucho interés, aun para el hombre que más a fondo compenetre su vida con la vida del Estado. Pero, por otra parte, puede considerarse el Estado también como una forma que lo abarca todo y en cuya organización y zona de influencia pueden entrar todos los posibles contenidos vitales –aunque los Estados históricos realizan en distinta proporción esta posibilidad.

En fin, la "casa" misma representa este doble papel. Por una parte, es la casa un momento en la vida de sus partícipes, los cuales trascienden de ella por sus intereses personales y religiosos, sociales y espirituales, chicos o grandes, y edifican, su vida añadiendo al hogar otras preocupaciones extradomésticas. Pero, por otra parte, la casa representa un módulo especial, en donde todos los contenidos vitales reciben cierta forma típica. No existe –por lo menos en la cultura europea desarrollada– ningún interés, ninguna ganancia o pérdida, ya sea exterior o íntima, ninguna esfera de la actividad que no desemboque, con todas las demás juntas, en la peculiar síntesis de la casa, ninguna que no tenga en la casa su asiento de un modo o de otro. La casa es una parte de la vida, pero, al mismo tiempo también, un modo especial de condensarse la vida, de reflejarse, de plasmarse la existencia.

Ahora bien, la gran hazaña cultural de la mujer es haber creado esta forma universal. He aquí un producto objetivo cuya índole propia no es comparable con ninguna otra; he aquí un producto que lleva impreso el sello femenino por las peculiares facultades e intereses de la mujer, por su típica sensibilidad de inteligencia, por el ritmo entero del ser femenino. Esas dos significaciones de la casa –como parte y como todo– existen sin duda para los dos sexos; pero se reparten de manera que para el hombre la casa es más bien un fragmento de la vida, mientras que para la mujer la casa significa la vida entera, plasmada a modo doméstico. Por eso, el sentido de la casa no es para la mujer objetivo, ni tampoco se circunscribe a alguna de sus tareas, ni siquiera la de cuidar a los niños. Para la mujer, la casa es un valor y fin en sí, que se parece a la obra de arte en que halla su importancia cultural subjetiva en su eficaz acción sobre los partícipes, pero que, además, adquiere un sentido objetivo por su propia perfección y según leyes peculiares.

Esta creación cultural de la casa pasa muchas veces desapercibida o confusamente vista, porque los detalles y particularidades de su figura concreta son fluidos, movedizos, y están al servicio del momento y de las personas, lo que hace que permanezcan ocultos el sentido objetivo y significación cultural de la forma en que la casa verifica la síntesis de esos productos fluidos y movedizos. Mas es lo cierto que, por encima de sus producciones momentáneas y de la forma impresa en ellas, la casa posee valores perdurables, influencias, recuerdos, toda una organización que se halla vinculada al transcurso variable y personal de la vida, mucho más radicalmente que las demás creaciones cultas de origen masculino. Podríamos aquí –verificando una abstracción todavía mayor– establecer una correlación universal humana. La naturaleza del varón, dualista, inquieta, entregada a la indeterminación del futuro –que así podemos señalar, allende las modalidades individuales, su oposición a la esencia femenina–, necesita resolverse y salvarse en la actividad objetivada. Las fluctuantes diferenciaciones del proceso cultural, con las cuales el hombre se encuentra desde luego enredado al comenzar su desarrollo, encuentran, por decirlo así, su compensación en las obras permanentes, objetivas, superindividuales a que tiende la labor cultural del hombre, sea rey o carretero. Podría concluirse que el ser humano en general necesita una cierta mezcla o proporción de estas dos tendencias fundamentales: evolución y permanencia, diferenciación y condensación, entrega al curso del tiempo y evasión de lo efímero en algo ideal o sustancial. Estas oposiciones no encuentran su expresión pura ni siquiera en los citados términos abstractos; constituyen los elementos formales de la esencia humana, y la conciencia no puede aprehenderlas sino en alguna materia concreta de su funcionamiento. Ahora bien, el modo como están combinadas en el tipo mujer es justamente el contrario del que impera en el tipo hombre. Percibimos la mujer no tanto bajo la especie del cambio como bajo la especie de la permanencia –por indefinido, impreciso y lejano que sea este concepto. Aquí encuentra su más abstracta categoría ese aspecto unitario, natural, recluso, que distingue al ser femenino del masculino. Pero su "contrafigura", quiero decir, esa compensación necesaria a toda existencia humana, hállase en el carácter común a todos los contenidos de la actividad femenina, los cuales son algo que fluye, algo que se entrega a lo individual, algo que nace y muere con la necesidad del momento; no una construcción en el mundo superpersonal de la cultura, sino un estar al servicio de los días y de las personas que edifican ese edificio, Otra correlación algo más especial viene a significar lo mismo. La mujer, con su índole reclusa, contenida en estrictos límites, se contrapone al hombre, que, por decirlo así, propende de suyo a romper todo límite y contención. Y, sin embargo, en las producciones artísticas falla la mujer justamente en aquellos géneros que más exigen formas estrictas y cerradas, como son el drama, la composición musical, la arquitectura.

Claro está que todas estas simetrías de conceptos que aquí establecemos no son construcciones rígidas, sino un esquema tenue que la realidad envuelve en mil variantes. Y en este sentido podría decirse que las manifestaciones que corresponden respectivamente a la naturaleza de cada sexo parecen haberse trocado y cambiado de uno en otro. El sexo masculino, que en su naturaleza profunda es incesantemente activo, expansivo, actuante, desgarrado por el juego de un interior dualismo, muéstrase, sin embargo, en sus manifestaciones objetivo, permanente, sustancialista. En cambio, el sexo femenino, que por su naturaleza hállase como concentrado en sí mismo, recluso en su propia intimidad, muéstrase en sus manifestaciones vertido en la vida fluyente y orientado hacia los resultados, que desembocan sin cesar en el *panta rei* de los intereses y exigencias momentáneos. Ahora bien, la "casa" posee una especial estructura que reduce a su sosegada intimidad –al menos en la idea– todas las líneas del universo cultural y canaliza en cierta unidad permanente y concreta todos los momentos varios de la vida activa y creadora. Por eso le cuadra bien aquella relación simbólica y real con la índole femenina, Por eso ha podido ser el "hogar" la gran hazaña cultural de la mujer.

LA INFLUENCIA SOBRE EL HOMBRE

A otra fórmula muy diferente responde el otro valor cultural que se ha atribuido a la mujer, poco más o menos del modo siguiente: la producción objetiva y original de las mujeres, en el campo de la cultura, consistiría en ser ellas las que, en gran parte, dan forma al alma masculina. Así como, por ejemplo, el hecho de la pedagogía, o la influencia jurídica de los hombres entre sí, o también la elaboración de una materia por el artista pertenecen a la cultura objetiva, del mismo modo pertenecen también a ella los influjos, las formas y transformaciones que las mujeres ejercen y merced a las cuales el alma masculina es como es. Las mujeres imprimen forma a las almas de los varones, y al hacerlo se expresan ellas mismas, creando una producción objetiva que sólo por medio de ellas es posible, en el sentido único en que puede hablarse de creaciones humanas, esto es, de creaciones que resultan siempre de un encuentro de la actuación creadora y energía propia con las determinaciones del objeto a que esto se aplica. La obra de la mujer –podría decirse– es el varón, porque, en realidad, los hombres serían distintos de lo que son si no recibieran la influencia de las mujeres; y esto llega tan lejos, evidentemente, que la conducta y actividad de los varones, en suma, toda la cultura varonil, se funda en buena parte sobre la influencia o, como suele decirse, el "estímulo" que parte de las mujeres.

Pero en esto hay, sin duda, una confusión. Esa influencia o actuación de las mujeres, por muy fuerte que sea, no adquiere importancia para la cultura objetiva hasta que se transforma, por obra de los varones, en aquellos resultados que corresponden a la índole masculina y que sólo en ésta pueden ser producidos. Existe, pues, una diferencia radical entre estos influjos y las verdaderas producciones de la cultura, las cuales tienen contenidos que trascienden a otros, pudiendo así, eventualmente, producir en éstos numerosos efectos. Nuestra cultura es varonil, no sólo por sus contenidos accidentales, sino por su forma misma de cultura objetiva; y aunque los sujetos activos de ella reciban de las mujeres estímulos e influencias más o menos profundos, no por eso ha de ser esa cultura calificada de "femenina", como una cultura de países meridionales, cuyos sujetos reciben la influencia notoria del clima cálido en sus ocupaciones, tendencias y maneras de vivir, no ha de llamarse por eso "cultura cálida". La teoría de la importancia "indirecta" de la mujer en la cultura comete una profunda confusión entre dos categorías: no es lo mismo entregar un contenido sustancial y espiritual (que puede seguir actuando en el proceso vital de quien lo recibe), que actuar inmediatamente sobre la vida misma sin necesidad de un contenido intemporal que pueda idealmente separarse del sujeto. Esta diferencia subsiste en todas las relaciones entre los hombres, desde las más someras hasta las más esenciales históricamente; pero puede, sin duda, presentarse en innumerables formas prácticas. Unas veces, la influencia de un sujeto sobre otro es como la que ejerce el sol o la tormenta sobre una planta, influencia que produce un resultado no preformado en el influyente, de suerte que la causa y el efecto no van unidos por ninguna igualdad de contenido. Otras veces, empero, existe esa igualdad entre la causa y el efecto y hay un producto que, conservándose idéntico a sí mismo, pasa de uno a otro como un don o regalo; pero regalo espiritual, es decir, regalo que al pasar a poder del otro no por eso deja de estar en posesión también de quien lo da. En el primer caso se desenvuelve una actuación vital; en el segundo caso se transmite un contenido de la vida. Sin duda, es posible que entre hombre y hombre la actuación o influencia vital sea la forma de influencia más profunda, la que encierre los enigmas de las últimas conmociones y transformaciones vitales. Pero donde propiamente reside el sentido cultural es en el contenido que hace del hombre un ser histórico, heredero de las creaciones de su raza y que manifiesta clara la índole objetiva del hombre. En la transmisión de contenidos, recibe el hombre lo que otro hombre ha poseído o posee aún; en la actuación o influencia recibe algo que no posee el que influye, algo que al ser acogido queda determinado según la índole y las energías de quien lo acoge y convertido en cosa nueva. Cuando, al penetrar en el espíritu, se separa el proceso vital y se distingue de su contenido –en el cual se asienta la primera y única posibilidad de cultura–, entonces la influencia de los hombres unos sobre otros se desprende de la simple causalidad, de esa causalidad en donde, por decirlo así, el efecto es morfolológicamente indiferente respecto de la causa y permite al que recibe poseer exactamente lo que le transfiere el otro y no sólo los efectos de su influencia vital.

Estos dos sentidos del concepto "influencia" son los que confunde aquella teoría que sostiene que la obra cultural de la mujer consiste en su influencia sobre el hombre. No puede, en efecto, dicha teoría referirse a la entrega de un contenido que las mujeres hubieran elaborado. Incluso la "suavización de las costumbres" –que pudiera citarse en este sentido– no procede de las mujeres en la medida en que suele creer la tradición trivial. La supresión de la esclavitud a principios de la Edad Media, y más tarde de la servidumbre; la humanización de los usos bélicos; el tratamiento más suave de los vencidos; la supresión de la tortura; las instituciones hospitalarias y el cuidado de los enfermos en gran escala; la eliminación del derecho del más fuerte –todo esto se ha verificado sin que podamos atribuirlo a la influencia femenina. Más bien diríamos que la supresión de las crueldades absurdas se debe justamente a la objetivación de la vida, a una objetivación que elimina de los medios y de los fines toda impulsividad, toda incontinencia, toda miopía subjetiva.

No hay duda de que la pura objetividad, el realismo puro, trae consigo (por ejemplo, en la economía) cierta dureza y desconsideración, que acaso no tendrían cabida en una conducta más personal, más sentimental. Sin embargo, la dulcificación de las costumbres no se debe a ese personalismo, sino más bien a los desarrollos puramente objetivos del espíritu, que representan justamente el aspecto varonil de la cultura.

El tipo de la persona que da a otra lo que no tiene se realiza perfectamente en la relación de la mujer con el hombre. La vida y la espiritualidad de innumerables varones serían ciertamente muy distintas y mucho más pobres si no hubieran recibido el influjo de las mujeres. Pero hay que advertir que lo que de éstas reciben no es un contenido previamente existente en ellas. En cambio, lo que los hombres dan a la vida espiritual de las mujeres suele ser efectivamente un contenido. Las mujeres dan –dicho sea con expresión paradójica– algo inmediato, una esencia que en ellas mora y permanece, esencia que al entrar en contacto con el varón hace germinar en éste algo que no tiene la menor semejanza fenomenológica con ella, y que en el varón se torna "cultura". Sólo en este sentido puede afirmarse que las mujeres "estimulan" las creaciones cultas del varón; pero no en un sentido más inmediato, que incluyese el contenido mismo; porque no cabe en puridad decir que Rahel impulse el trabajo de Jacob, ni que Dulcinea provoque las hazañas de Don Quijote, ni que Ulrica de Levetzow haya causado la elegía de Marienbad.

En fin de cuentas, es, pues, la casa el gran producto cultural de la mujer. La peculiar estructura de la casa, que ya hemos estudiado como categoría vital, ha hecho posible que las mujeres, tan poco propensas por lo general a la objetivación de su vida, realicen en el hogar esa objetivación de estilo amplio. Las tareas domésticas pertenecen en sentido eminente a esa categoría de la cultura que, al principio de este ensayo, hemos calificado de "originalidad secundaria". Ofrécense aquí ciertos fines típicos y ciertas formas generales de realización, pero siempre sometidas a la variabilidad individual, a las resoluciones espontáneas, al afrontamiento de situaciones únicas. Así, la actividad doméstica, que a pesar de su variedad va dirigida por un sentido uniforme, constituye una esfera intermedia entre la producción que brota del yo primitivo y creador y la simple repetición de las formas manifestativas prefijadas. Lo cual define su posición en el conjunto de las valoraciones sociales. Hay una serie de profesiones masculinas que no necesitan un talento específico y que, sin embargo, no son inferiores; profesiones que, aunque no requieren facultad creadora y sello personal, tampoco excluyen al individuo de ningún rango social; así, por ejemplo, la profesión jurídica y muchas mercantiles. Este mismo carácter social poseen las labores domésticas, que pueden ser realizadas por cualquier talento mediano, y, sin embargo, no son subalternas o, por lo menos, no necesitan serlo.

Aquí debemos repetir una observación que desde hace tiempo es ya trivial. La evolución de la vida moderna anula la labor doméstica para un gran número de mujeres y para otras la reduce a casi nada. La causa de este hecho se encuentra en el desvío de los hombres hacia el matrimonio, en las dificultades que el creciente individualismo opone a la vida matrimonial, en la limitación del número de hijos, en la industrialización, que lleva a realizar fuera de la casa un buen número de tareas domésticas. De donde resulta que la esfera de actividad reservada a la originalidad secundaria de las mujeres se reduce cada día más, de suerte que las mujeres se encuentran en la alternativa de elegir entre las más altas o las más bajas profesiones: las más altas, que son espirituales y productivas y requieren un talento siempre excepcional, y las más bajas, que son inferiores siempre a las pretensiones y exigencias sociales y personales de la mujer. Como *pendant* a la carrera jurídica, que, aunque inespecífica, no es subalterna, sólo tienen las mujeres la actividad doméstica, si prescindimos de otras muy estrechas esferas. Porque la profesión de maestra o institutriz, que pasa por ser algo de eso, constituye una equivocación fatal que no se explica sino por la urgente necesidad sentida de encontrar una de esas profesiones intermedias. En realidad, la actividad pedagógica requiere una disposición o talento tan específico como cualquier otra tarea científica o artística.

LA CULTURA FEMENINA

Tal es el aspecto que presenta la realidad histórica. Mucho más difícil, naturalmente, es computar, en el sentido de las ideas aquí desenvueltas, las posibilidades futuras que se ofrecen para una cultura objetiva de carácter femenino, esto es, para la producción de aquellos contenidos que por principio los hombres no pueden realizar. Si la libertad de movimientos que reclaman desde hace poco las mujeres fuese orientada en el sentido de objetivar el ser femenino, como la cultura tradicional hasta ahora ha hecho con el masculino, y no en el sentido de que las mujeres repitan y remeden las actividades del hombre –no es aquí mi problema el de averiguar el valor de tales repeticiones–, eso significaría, sin duda alguna, el descubrimiento de un nuevo continente cultural. Desde otro punto de mira, se ha señalado el ideal feminista como "una humanidad independiente". Nosotros diríamos que el tal ideal debe ser más bien el de una "feminidad independiente", porque, en vista de la identificación histórica de "hombre" con "varón", va a resultar esa humanidad, por su contenido, una varonilidad. Todos esos fines y propósitos significan, en último término, que tas mujeres quieren ser y tener lo que los hombres son y tienen. No he de examinar el valor de tales afanes; pero desde el punto de vista de la cultura objetiva lo que interesa, sobre todo, es la feminidad independiente; es decir, extraer del inmediato proceso vital los elementos específicamente femeninos para convertirlos en formas independientes, reales e ideales. En pro de este ideal pudiera, sin duda, llegarse al extremo de aceptar como su condición próxima precisamente su contrario: la igualdad mecánica de educación, derechos, profesiones, conducta. Pudiera pensarse que, habiendo sufrido la posición y el trabajo de la mujer tanto tiempo bajo un régimen de exagerada desigualdad con los hombres –lo que ha impedido la creación de una objetividad específica femenina–, hay que pasar ahora un cierto tiempo por el extremo opuesto de la exagerada igualdad, antes de llegar por fin a la nueva síntesis de una cultura objetiva enriquecida y avalorada con los matices de la feminidad. Es lo mismo que ciertos individualistas extremados que propugnan el socialismo porque piensan que es preciso pasar por un sistema nivelador para llegar a una jerarquización verdaderamente natural y a una nueva aristocracia que sea, en realidad, el predominio de los mejores.

No quiero discutir aquí ni las vías que puedan conducir a una cultura objetiva femenina, ni los contenidos que tienen alguna probabilidad de realización. Pero en el conjunto de los principios no puede desoírse la voz de un problema formal que, como más profundo y decisivo, plantean las precedentes indagaciones. ¿No será contradictoria con la índole específica femenina la objetivación de sus contenidos? ¿No comete ya semejante pregunta y exigencia el error, tan repetidamente censurado por nosotros, de aplicar al ser femenino un criterio que surge precisamente en el masculino típico? El concepto de cultura objetiva hubo de presentarse a nosotros tan abstracto y desnudo, que, aunque relleno históricamente por los solos contenidos masculinos, pudo ocurrírsenos la idea de su posible concreción en formas femeninas. Pero acaso sea la cultura objetiva, a la postre, por sí misma e independientemente de su contenido histórico, una forma de manifestación tan heterogénea de la mujer, que resulten, al fin, los términos de cultura objetiva femenina una *contradictio in adjecto*.

Nadie negará que haya o pueda haber mujeres capaces de crear formas objetivas de cultura. Pero esto no significa que en esas creaciones queden objetivados elementos femeninos puros, elementos que el varón no puede lograr. No puede decirse, sin grandes reservas y salvedades, que el ser humano se reconoce en sus obras. Muchas veces somos más que nuestra obra; otras veces –aunque suena a paradoja– es nuestra obra más que nosotros; otras veces, en fin, la obra y el autor son extraños una a otro o coinciden sólo en sectores casuales. Nunca podemos afirmar con perfecta seguridad que exista una esfera cultural –prescindiendo de la "casa" con 'su especial estructura– en donde la esencialidad femenina se convierta realmente en "espíritu objetivo". Es, pues, lo más verosímil que la falta de una cultura específicamente femenina se deba, no al azar de los contenidos singulares y su evolución histórica, sino a cierta discrepancia fundamental entre la forma de la feminidad y la cultura objetiva misma.

Cuanto más radical sea, pues, la divergencia entre el varón y la mujer, tanto menos habrá de justificarse la consecuencia habitual que descalifica a las mujeres. El mundo femenino se levanta autónomo sobre una base propia que el mundo masculino ni comparte ni ha establecido, aunque, claro está, puede haber entre ambos sexos innumerables comunidades, porque todo lo que los humanos hacen y sienten procede de los fundamentos postreros de su masculinidad o feminidad. El punto máximo a que pareció elevarse el ideal de independencia y equivalencia femeninas, dentro de la consideración histórica: la idea de una cultura femenina objetiva, paralela a la masculina y capaz, por tanto, de anular la idealización histórica violentamente acaparada por los hombres; ese punto máximo queda también aquí superado en igual dirección. El monopolio masculino de la cultura objetiva vuelve a encontrar su justificación, porque, aun sólo como principio formal, es ya de carácter exclusivamente masculino. A su lado se ofrecería entonces la forma femenina de la existencia como una forma propia, independiente, pero inconmensurable con el criterio de la masculina, inapta para entrar con la masculina en competencia de contenidos y producciones. El sentido de la feminidad no caminaría, pues, hacia una equivalencia dentro de la forma general de la cultura objetiva, sino al paralelismo de dos modos de existir completamente diversos en ritmo y modo: el uno, caracterizado por el dualismo, orientado hacia la transformación, el saber y la voluntad, y, por tanto, propenso a objetivar sus contenidos extrayéndolos del proceso vital para fijarlos en el mundo de la cultura; y el otro, ajeno a ese dualismo de raíces subjetivas y desarrollo objetivo, y, por tanto, apartado de todo afán de plasmar los contenidos en formas externas, y buscando, en cambio, para sí una perfección reclusa en lo íntimo del ser. Dijérase –repitámoslo una vez más– que las mujeres poseen un mundo propio que en su misma base es incomparable con el mundo del hombre. Es más; si concebimos la esencia femenina en un sentido radical, no queriendo que describa a una mujer particular sino el principio mismo de lo femenino; si admitimos la ecuación: objetivo = masculino, para rechazar fundamentalmente la otra falsa ecuación: masculino = humano, entonces la conciencia femenina quizá nos aparezca como irreductible a la forma expresada por la voz "mundo". Porque mundo significa una forma en donde cada contenido se halla en conexión con un todo y cada parte existe fuera de las otras partes y la suma de todas existe fuera del yo. El mundo es el ideal –nunca por completo realizable– de un yo cuya función trascendental es salir de sí y plasmar objetos fuera de sí mismo. El mundo, pues, como categoría trascendental debe quedar fuera de cuestión cuando se trata de almas cuya esencia no se orienta en la dirección del dualismo objetivo, sino que se encierra en una perfección del ser y de la vida interna.

"Weibliche Kultur", 1902